Die Kinder aus dem Regenbogen

Wie neue Hoffnung die Erde erfüllt

Ich wurde 1946 geboren und wuchs mit einem jüngeren Bruder in einem kleinen Dorf im Freiburgerischen Senseoberland auf. Die ganze Familie wurde immer wieder durch schwere Krankheiten heimgesucht. Seit 1967 bin ich verheiratet mit Leo und bin Mutter von zwei erwachsenen Söhnen. Heute wohnen wir im malerischen Dorf Ueberstorf.

Nicht vorhandenes Verständnis und fehlende Gesprächspartner, um über übersinnliche Wahrnehmungen und Voraussichten zu sprechen, machten mein Leben über viele Jahre nicht einfach. Später fand ich dann in meinem geliebten Vater einen Austauschpartner. Schwere Krankheiten als Kind und Brustkrebs mit 28 Jahren waren innere und äussere Qualen, die mehrmals beinahe zum Tode führten. Am absoluten Nullpunkt angelangt, kam ich 1997 mit Reiki in Kontakt. Mein Leben begann sich zu wenden. Ich wurde dann auch Reikimeisterin und Lehrerin. 1999 begegnete ich Frank Adamis Alper, ein Himmel-Erde Freudentag! Klarheit aus Erkenntnissen und spirituelle Transformation führten mich mehr und mehr zurück zur Quelle, zurück in die Selbstliebe und Akzeptanz. Es folgten kontinuierliche Aus- und Weiterbildung in Channeling und Energiearbeit.

Mit bald 65 Jahren bin ich eine alte Erstlingsautorin, doch erfüllt von Liebe, von Freude und Begeisterung für Menschen und Kinder, ganz besonders für die neuen Kinder und für das neue, wunderbare Zeitalter. Mein Ziel ist es mit der ganzen Kraft meiner Seele und aus meinem reichen Schatz an Lebensweisheit den Kindern, Menschen zu helfen, ihren ureigensten Weg zu finden und ihn in einem erfüllten, freudvollen Dasein zu gehen.

Nun wünsche ich dir eine gute Zeit und Freude beim Lesen!

Liliane Raemy

Die Kinder aus dem Regenbogen

Wie neue Hoffnung die Erde erfüllt

Bibliografische Information der Deutschen Nationalbibliothek

Die Deutsche Nationalbibliothek verzeichnet diese Publikation in der Deutschen Nationalbibliografie; detaillierte bibliografische Daten sind im Internet über http://dnb.d-nb.de abrufbar.

Impressum

© 2010 Liliane Raemy, Autorin
Herstellung und Verlag: Books on Demand GmbH, Norderstedt
Layout: Leo Raemy
Umschlaggestaltung: Liliane & Leo Raemy
Umschlag-Zeichnung: Sara Riedo (7 jährig)
Sara's Kommentar: "Die Kinder aus dem Regenbogen kommen auf die Erde und bringen einen grossen Schatz mit"

ISBN

9 783842 331563

Inhaltsverzeichnis

Einleitung 9
Widmung an die Kinder 10
Widmung an Dr. Frank Adamis Alper 11
Wie dieses Buch entstanden ist 14
Im Einklang mit dem Klang des Herzens 17
Die Kinder aus dem Regenbogen 19
Auf dem Weg in die eigene Kraft 25
Ein Geschenk für Visionäre 31
Familienbande 35
Jugend 38
AUFWACHSEN 42
Strahlenkinder - wer sind sie, was wollen sie? 43
    Channeling von Aletia 53
Aletia* 57
    Die universelle Führerin der Mütter und Väter der Strahlenkinder, sowie für alle, die Veränderung und Neubeginn suchen 57
Symbole 63
Die neun verschiedenen Strahlen 65
    Warum die Bezeichnung "Strahlenkinder"? 65
    Zum jetzigen Zeitpunkt kennen wir folgende Strahlen: 69
    Channeling von Ishmael 74
Spiritueller Führer: Ishmael 77
    Channeling von Kryon 86
Spiritueller Führer: Kryon 90
    Channeling von Newahjac 102
Spiritueller Führer: Newahjak 105

Channeling von Jesus und Maria ... 114
Spirituelle Führer: Jesus und Maria ... 117
Channeling von Pythagoras ... 126
Spiritueller Führer: Pythagoras ... 129
Channeling von Carl Jung ... 138
Spiritueller Führer: Carl Gustav Jung ... 142
Channeling von Laurita ... 152
Spirituelle Führerin: Laurita ... 155
Channeling von Nadja ... 164
Spirituelle Führerin: Lady Nadja ... 167
Channeling von Ivanor ... 176
Spiritueller Führer: Ivanor ... 180
Zusammenfassung ... 186
   Ishmael / Silber-Blau ... 186
   Kryon / Indigo ... 187
   Newahrjak / Rosa-Grün ... 189
   Jesus und Maria / Rost ... 190
   Pythagoras / Gold ... 191
   Carl Jung / Orange ... 192
   Laurita / Pastell Pink ... 194
   Lady Nadja / Zartes Gold ... 195
   Ivanor / Regenbogen ... 196
…Neue Hoffnung erfüllt die Erde… ... 198
      Abbildung 1   Nina, 10 J ... 202
      Abbildung 2   Rafael, 9 J ... 202
      Abbildung 3   Jana R, 9 J ... 203
      Abbildung 4   Livio, 7 J ... 203
      Abbildung 5   Sara, 7 J ... 204

Abbildung 6	Jana K, 5 J	204
Abbildung 7	Severin, 8 J	205
Abbildung 8	Juliette, 4 J	205
Abbildung 9	Melina, 5 J	206
Abbildung 10	Robin, 10 J	206
Abbildung 11	Saskia, 14 J	207

Laura 209
    Ein Regenbogen für Eliot 210
ZUM AUSKLANG   DEN EINKLANG 230
D A N K S A G U N G 231
Anhang 233
    Erfahrungsbericht 233
    Adressen 242
    Literatur 243

Einleitung

Kinder sind eure Zukunft, die heutige Jugend ist eure Welt von morgen. Die heutigen Kinder sind in ihrer Bewusstheit weit vorangeschritten. Holt sie dort ab wo sie sich befinden und presst sie nicht in ein veraltetes, nicht mehr dienendes Schema.

Kinderherzen sind offen, offen wie Blütenkelche, die sich dem Licht zuwenden. Schenkt ihnen das Licht, das sie verdienen, die Wärme und die Liebe, die wachsen und erblühen lässt. Die Zukunft wird es euch danken, denn nur so kann eure Welt heller, leichter und freudvoller werden. Geht nach dem Gesetz und dem Prinzip von Ursache und Wirkung, denn nur hier findet ihr den Schlüssel zum Erfolg. Mögen diese Worte den Weg in die Herzen finden und euch allen Segen bringen! Wir sind Metatron.

Worte von Metatron Schöpfer und Hüter des universellen Gesetzes

Widmung an die Kinder

Dieses Buch ist allen Kindern dieser Erde gewidmet, ob Strahlenkinder oder strahlende Kinder. Sie alle sind unsere Zukunft, die Mit-Schöpfer, die kühnen Visionäre, die Hoffnungsträger für eine bessere Welt. In ihren Herzen und in ihren Händen liegen die Wunder der Liebe, der Wahrheit und der Klarheit, die unsere Welt in einen Frieden für alle führen!

Widmung an Dr. Frank Adamis Alper

Spiritueller Lehrer, Heiler, Mensch (22.01.1930 - 07.12.2007)

Frank Adamis, für diesen Mann ist in meinem Herzen eine tiefe, grosse und innige Liebe und Dankbarkeit für immer verankert.

Die neue Zeit, die neuen Kinder, Frank Adamis war das Verbindungsglied, der Verbindungskanal, der Brückenbauer für die Verbreitung der Existenz der Strahlenkinder. Er war Kanal, durch ihn flossen die Informationen der Geistigen Welt für die Erkennung der unterschiedlichen Strahlen und den ihnen zugeordneten spirituellen Führer / Führerin. Ihn könnte man als weltlichen Vater der neun Strahlen bezeichnen. Im Verlaufe der letzten Jahre kamen nach und nach Strahlen dazu, bis dann Ende 2006 mit dem 8. und 9. Strahl die Reihe vorläufig abgerundet wurde.

Frank Adamis war ein Seelenfänger. Zeitlebens stand er zu seinen menschlichen Schwächen. Seine Devise lautete, in erster Linie bist du Mensch. Liebe und akzeptiere dich so wie du bist, verurteile dich nicht, denn für deine Seele bist du perfekt.

Er war kein Guru, der sich auf einen Sockel hoch über die anderen stellte, nein, er war Mensch mit Schwächen und Schattenseiten. Gerade dies machte ihn für seine Schüler so sympathisch und liebenswürdig.

Sein Ziel war eine bewusste Seele-Körper-Mensch-Arbeit, die Erkennung des schöpferischen Seelenplans, die Verbindung zur Quelle und ein sich ständig weiter entwickelndes höheres Bewusstsein (Mind)*. Seine Lehre war, dass der Mensch als spirituelles Wesen auf Planet Erde wandelt, um in der Dichte der Erde menschliche Erfahrungen zu machen. Er war Mentor für alle, die den Weg zurück in die Selbstverantwortung suchten. Er verstand es meisterlich, den Menschen den Wert der Eigenverantwortung klar zu machen, das Ruder des Lebensschiffes selbst in die Hand zu nehmen und immer klarer und sicherer durch das Wellental des Lebens zu steuern. Er war Heiler, Pionier, Autor, Förderer, Mutmacher, für viele Kanalöffner für reine Botschaften aus anderen Dimensionen und ein begnadeter spiritueller Philosoph.

Sein Lebenswerk, seine Theorien, seine zum Teil revolutionären Heilweisen, alles gechannelte Botschaften, werden durch Adamis International, unter der Leitung von Katharina Alper, seiner Ehefrau, sowie in der Arbeit vieler seiner Schüler fortgesetzt. Die Lehren von Frank Adamis sind einzigartig. Sie führen auf direktem Weg zum Kern. Der Schöpfungskern, die Quelle allen Seins ist die Liebe. Die Mächte "Angst" und "Schuld" sind bis heute Werkzeuge, mit denen man die Menschen klein halten kann. In den Händen der Machtvollen sind sie dadurch formbar. Das heisst, wer in den Energien der Angst sein Leben verlebt, ist immer manipulier- und kontrollierbar. Frank Adamis beschreibt in seinem Buch "Das Universelle Gesetz", für das Wassermannzeitalter sei die Zeit für eine Neudefinition unseres Erdendaseins reif. Es ist die Mission der Selbstfindung, der Annahme und der Wiederentdeckung der Göttlichkeit in sich und in den Mitmenschen, der bewussten Verbindung mit der Seele. Unser aller Ziel sollte es sein, ein Menschsein in der Körper-Seele-Geist Vereinigung in reinen Liebesschwingungen zu leben.

Als Lehrer, Heiler und Mensch weilt Frank Adamis in physischer Form nicht mehr unter uns. In der Energieprojektion seiner grossen Seele Adamis begleitet und unterstützt er uns auf unserem Weg zur Meisterschaft, auf unserem Weg der Unvollkommenheit in das Hineinwachsen, in die Ganzheit von Körper-Seele-Geist. Für diesen Segen, für diese Seele, für diese Liebe und Gnade ganz herzlichen Dank.

* Mind = Verstand, Intellekt, Emotionen
Buch: Du bist Mind / Frank Alper

Wie dieses Buch entstanden ist

Im Januar 2008, einige Wochen nach dem Ableben meines lieben Lehrers Frank Adamis Alper, wurde während einer Meditation ein Same in mein Herzchakra gepflanzt. Aus ihm sollte, mit meiner Bereitwilligkeit, ein Buch entstehen. Meine feinstofflichen Freunde vertrauten mir eine Aufgabe an, in der Form eines Buches ein Gefäss zu erschaffen, das in der Hauptsache zu einem besseren Verständnis, zu einem Leitfaden für Eltern, Grosseltern und Erzieher für die neuen Kinder werden sollte. Ich denke, dass alle Kinder dieser Erde von diesem Einfühlungsvermögen für ihre Entfaltung, ihre Reife gewinnen können.

Der Titel unter dem das Buch geschrieben und verbreitet werden sollte, wurde mir mitgeteilt. In Sekundenschnelle sah ich in einer Vision das fertige Buch vor mir.

Die Kinder aus dem Regenbogen
Neue Hoffnung erfüllt die Erde

In kurzen Abständen wechselten sich Freude, Überraschung und Zweifel ab, tauschten sozusagen immer wieder die Türklinke aus. In einem Wechselbad der Gefühle tauchte ich ab und auf.

Von der Liebe aus der Geistigen Welt genährt keimte der Same vorerst in aller Stille. Zwischendurch kostete ich als Persönlichkeit die Emotionen einer visionären Realität aus. Doch bis zur wahren Tatsache lag noch eine lange, sehr lange Wegstrecke dazwischen. Mister Zweifel übernahm vorerst das Zepter. Warum gerade ich? Das kann ich doch nicht! Es gibt andere, die diesen Auftrag viel besser lösen könnten und würden. Wir kennen die Macht der Gedankenkraft. Das ganze selbst zerstörerische Wertesystem kam in Gang. Das Samenkorn wurde von einer Dürreperiode heimgesucht. In mir kämpften die alten Strukturen einen letzten Kampf des Unwertseins, der Abwertung, der Zweifel, des Vergleichens, der Verunsicherung und Verletzlichkeit aus. Ich konnte während dieser Zeit auch mit niemandem darüber sprechen, versuchte einfach die innere Stimme zu ignorieren. Von der Einpflanzung des Samens, bis zur Befruchtung und der beginnenden Schwangerschaft, lief viel Wasser den Bach hinunter. So gingen die Monate ins Land. Zunehmend stärker wurde in dieser Zeit eine innere Freude und Lust dieses Abenteuer zu wagen, der Stimme meines Herzens, dem Wunsch meiner Seele zu folgen.

Ausgelöst wurde dann der definitive Schritt dazu, an einem "Strahlenkinderarbeitstag", in der Gruppe mit meinen lieben und hoch geschätzten Freundinnen Ursula F. Esther, Margrith, Monika und Ursula G. Das Bedürfnis, den Hilfe suchenden, geforderten und sehr oft überforderten Eltern, Lehrer und Erziehenden etwas übergeben zu können, wurde klar und deutlich vernommen. Hier fand ich endlich den Mut mich zu diesem Auftrag zu äussern. Mit dem Aussprechen dieser Aufgabe erlebte ich das sofort dastehende Kraftfeld. Die vollste Unterstützung aus der feinstofflichen, wie grobstofflichen Welt wurde mir zugesichert. Vorwegnehmen möchte ich schon jetzt den tiefen und innigen Dank an meine Mutmacher Freundinnen. Jeder gelebte Austausch ist enorm beglückend und bedeutet Freude und Segen für alle. Ein riesengrosses Dankeschön geht auch an die Geistige Welt, deren Begleitung und Unterstützung ich vom ersten Tage an spürte.

Nun konnte das Kind in meinem Herzen beginnen zu wachsen und zu gedeihen. In der ganzen Intensität von Liebe und Hingabe bekamen meine Gedanken nun Buchstaben. Wort reihte sich an Wort... Auf der einen Seite viel aufklärendes über die neuen Kinder, auf der anderen Seite für alle wegweisendes in die Entdeckung und Stärkung der eigenen inneren Kraft.

Als ich anfing zu Schreiben, stellte sich mir auch die Frage, wie spreche ich meine Leser an. Aus einem inneren Bedürfnis heraus wusste ich sofort, ich möchte das Wort DU brauchen. Das Wort DU verbindet, lässt Vertrauen entstehen und Nähe spüren und ich möchte meinen Lesern nahe sein. Dieses Buch entstand aus einer grossen Liebe zu den Menschen im Allgemeinen und zu den Strahlenkindern im Besonderen. Mein Wunsch ist es die Menschen in ihren Herzen zu berühren, etwas in ihrem Leben zu bewegen und vielleicht eine leise Sehnsucht zu stillen. Ich freue mich sehr auf eine Herzensbegegnung, in welcher Form auch immer!

Meine Freude und Dankbarkeit über die glückliche Geburt ist riesengross. Du haltest nun mein Kind, mein Erstgeborenes in den Händen. Drücke es an dein Herz, nimm Kontakt mit ihm auf, spüre die Liebesschwingungen, die uns verbinden. Diese Liebesschwingungsverbundenheit lässt uns Brücken schlagen nach Osten – Süden - Norden und Westen. Möge die Mitarbeit jedes Einzelnen auf diesem Erdenweg zum Segen werden, mögen aus ungeschliffenen Diamanten Juwelen inneren Glückes entstehen und uns Stück für Stück dem Göttlichen näher bringen!

Im Einklang mit dem Klang des Herzens

Die Welt, unsere Welt braucht ausdrucksstarke, selbstbewusste und verantwortungsvolle Menschen, mit dem Ziel eines erfüllten Daseins, in den Augen den Seelenausdruck eines tiefen inneren Friedens.

Damit Kinder, Menschen zu Persönlichkeiten heranreifen und sich wie eine Blüte im Sonnenlicht entfalten können, braucht es die Förderung des gesamten Spektrums der menschlichen Fähigkeiten. Das heisst, die körperlich-seelisch-geistige Entwicklung.

Die Kinder, die Jugend, die zukünftigen Führungspersönlichkeiten, sie sind unser Kapital, unsere Aktien in Bezug auf Erhaltung und Weiterentwicklung von Gaia, unserer geliebten Mutter Erde, mit ihrer einzigartigen Schönheit. Diese Erdenmutter wünscht sich nichts sehnlicher, als ihre Melodien wieder leicht, beschwingt, Frohsinn und Heiterkeit versprühend, mit uns im Einklang schwingend, erklingen zu lassen.

Die neuen Führer von Politik, Wirtschaft und Kultur, die Erdreisenden unseres, an Schönheiten so reich gesegneten blauen Planeten, sind am heranwachsen, am sich entfalten und entwickeln. In welche Richtung sie dies tun werden, liegt zum grössten Teil in der Verantwortung ihrer ersten Bezugspersonen, also ihrer Eltern, Lehrer und Erzieher. Dies sind die wohlwollenden Führer in ein Leben, das mit Begeisterung und Be- geistert gelebt werden darf.

In einer Zeit wo vielerorts Angst, Frustration und Resignation, die Freude, die Begeisterung und das Vertrauen in den Hintergrund verdrängt haben, wo Geld, Gier, Macht und Kontrolle in vielen Fällen das Zepter übernommen haben, ist dies alles andere als selbstverständlich. Dieses Buch soll dir Mut machen, Mut für die Arbeit an dir, Mut den Weg in die eigene Seelenwahrheit zu gehen und ganz viel Verständnis erwecken für alle Kinder unserer Erde, sie sind unsere Zukunft. Es möchte Einblicke und Anregungen geben für ein verständnisvolles Miteinander und Füreinander. Im Besonderen möchte es Wissen vermitteln für den Umgang und das Einfühlungsvermögen in die neue "Kindergattung". Möge es Freude und Faszination auslösen, durch die wahre innere Begegnungen im Einklang der Herzensmelodien entstehen können.

Schliessen wir für einen Augenblick die Augen und träumen schwelgend in den Emotionen einer Vision, in der es nur noch Sieger und keine Verlierer mehr gibt. Wo die Weisheit der Liebe, mit den Augen und dem Glauben des Herzens hört und sieht.

Die Kinder aus dem Regenbogen

Finde die Liebe und das Vertrauen

Finde die Hoffnung und finde den Glauben

Finde den Sinn nach dem Sinn zu suchen

Finde die Spur und das Ziel deines Daseins

Hauche ihm Atem, Lebensatem ein

Finde den Plan, den Schöpfungsplan deiner Seelen-Mensch Erdenreise

Und du landest im Garten des Glücks

Suche und finde das Glück, es liegt ganz nah, es liegt in dir, einzig und allein in dir

In diesen einfachen, doch klaren und deutlichen Worten liegt die ganze Essenz, die es braucht um aus der Enge eines Kokonlebens in die Mutation zum Schmetterling zu kommen und damit in die Leichtigkeit des Seins, rückverbunden mit der Quelle.

Wie der Weg von der Raupe in die Verpuppung bis hin zur Geburt, zur Entfaltung des Schmetterlings, Zeit und höchste Anstrengungen braucht, benötigen auch wir Menschen Geduld, Raum und Zeit für unsere Ent-Wicklung, unsere Ent-Faltung, unsere Er-Fahrung. Es kommt nicht darauf an wann, wie und wo wir uns aus der Verpuppung schälen, sondern, dass wir uns aus dieser einengenden, uns behindernden und bedrückenden Daseinsform irgendwann befreien und aufatmen können. So ist unser Ziel, den eigenen Weg zu gehen, die eigene

Wahrheit auszudrücken, das eigene Leben zu leben. Helfen wir dem Schmetterling sich zu befreien, bedeutet dies den sicheren Tod, denn seine Flügel sind zu schwach, um zu überleben. Wie wir, benötigt auch der Schmetterling Kraft, Geduld und Ausdauer für ein freies Leben.

Alles was wir Tun hat eine Ursache und eine Wirkung. Alles was wir also Denken oder Tun, bedeutet die Saat, die wir später ernten werden und geschieht aus einem freien menschlichen Willen. Wir sind alle Teil einer Gemeinschaft, der Gemeinschaft "Menschheit" und dementsprechend verantwortlich für unser Handeln und somit für das Wohl unserer Erde.

Karma, ein Wort, das uns immer wieder begegnet und das von zahlreichen Menschen missverstanden wird. Dieser Begriff kommt aus dem Sanskrit (alt-indische, noch heute verwendete Gelehrtensprache) und bedeutet Ursache und Wirkung. Karma wird oft mit einem strafenden Gott in Verbindung gebracht. Die Existenz eines strafenden Gottes gibt es nicht. Er ist ein Produkt, erzeugt und implantiert aus religiösen Dogmen. Unsere karmischen Erfahrungen auf der Erde dienen stets unserer Entwicklung und unserer Bewusstwerdung. Das hohe Ziel, das wir anstreben sollten und dessen gründlichster Arbeitsaufwand in unserem Leben gilt, ist die Befreiung von einengender Emotionalität. Übernimmt nämlich die Gefühlswelt unser Steuer, geraten wir in emotionale Strudel, die unser Leben in eine selbst zerstörerische Richtung lenken können. Es ist unglaublich wichtig die Unterschiede von einem Mit-Fühlen und einem Mit-Leiden zu kennen, auszudrücken und zu leben. Je besser wir die Kontrolle und die Klarheit über unsere Emotionen haben, desto tiefer und inniger wird unsere Seelenverbindung und umso aufschlussreicher und reiner das Seelenwissen das uns zur Verfügung steht.

Gott oder wie immer du diese höhere Macht nennen willst, ER liebt uns, bedingungslos und ausnahmslos. Die Einschränkungen und Beschränkungen, die zeitlichen Trennungen von der Quelle, die damit verbundenen Leiden oder Leidenswege, legen wir uns selber an. Wir stutzen oder lassen uns unsere Schwingen stutzen. Wir verlieren die damit verbundene Freiheit, das sich emporheben lassen, das sich tragen und zugleich versinken lassen in das Urvertrauen. Dieses Urvertrauen gibt uns die Möglichkeit, hinauszutreten in die Welt der ureigensten Individualität. Grenzenlos frei!

Befreiung, Loslösung ist also gefragt, ist eine absolute Notwendigkeit für jeden Einzelnen, jede Einzelne, für die Menschheit im Ganzen.

In der Formation der Strahlenkinder erhalten wir nun die Kraft, die Energien die es braucht, um eine planetarisch umfassende Fesselbefreiung auszulösen. Sie tragen in sich die Liebe und Entschlossenheit, diesen unschätzbaren Dienst für uns, für die Erde zu tun. Damit sie ihren Auftrag erfüllen können, ihren Seelenplan verwirklichen dürfen, benötigen sie grosse Unterstützung. Sie brauchen Weg begleitende Führer, welche um die Absicht des Seelenplanes der Strahlenkinder wissen.

Zu allen Zeiten haben herausragende Persönlichkeiten diese Zusammenhänge entdeckt. Sie haben ihr Wissen und ihre Weisheit kundgetan, lebten es vor und waren so Wegbereiter für die Spursuchenden. In ihrer Selbstbestimmung und Selbstverantwortung, mit der Selbstliebe als ständig fliessende Nahrung, machten sie Nägel mit

Köpfen. Die Kinder aus dem Regenbogen tragen in sich die Liebe und die Hoffnung bringende Umwandlungskraft. Die Samen der Liebe, der Schöpfergottliebe und der Selbstliebe sollen, dürfen und müssen neu aufblühen. Ein Blumenmeer, ein einzigartiger, sich an Vielfalt kaum überbietender, Duft betörender Liebesblumenteppich darf, muss sich wieder auf die Erde legen.

Ich bin mir bewusst, dass die Realität noch etwas anders ist, dass diese Vision für viele Menschen noch nicht nachvollziehbar und dadurch im Land der Märchen oder Utopien angesiedelt ist.

Und doch, wenn nicht wir, wer denn sonst soll an die Verwirklichung, an das Machbare, an die Umwandlungskraft im Dschungel der Macht- und Hoffnungslosigkeit glauben? Ich und mit mir eine wachsende Zahl an Menschen, wir lassen uns den Glauben und das Vertrauen an das Gute, an das Bild einer alles und jeden verändernden Liebesgnadenkraft nicht rauben.

Die Seelen der neuen Kinder tragen diese Wunschverwirklichungskraft in sich. In der Freiheit ihres persönlichen Willens liegt auch die Verneinungskraft. Was immer der Mensch wählt, es ist seine Wahl. Doch besteht ein inniges Seelenbedürfnis, auf wohlwollende, verständnisvolle Menschen zu treffen, Menschen mit Führungsqualitäten, die ihnen klare Grenzen setzen.

Fiel dein Blick schon einmal in einen klaren Bergsee, was hast du darin gesehen? Das Spiegelbild natürlich. Die neuen Kinder können wir mit einem kristallklaren Bergsee vergleichen. Sie spiegeln uns das Bild unserer Gesellschaft. Manche sind pure Herausforderung. Sie suchen verbal und nonverbal ständig die Konfrontation. Dieses

Bild löst alles andere als angenehme Gefühle in uns aus, doch für Erkenntnisse, die zu einer Wandlung führen, unausweichlich.

In diesem Buch wirst du immer und immer wieder den folgenden Worten begegnen.

LIEBE

HOFFNUNG

VERTRAUEN

GLAUBEN

WAHRHEIT

Sie sind das Alpha und das Omega, der Anfang und das Ende. Je mehr wir die, in diesen starken Worten verborgenen Umwandlungskräfte erkennen, sie in uns integriert haben, desto einfacher, licht- und freudvoller verläuft unser Leben.

LIEBE, HOFFNUNG, VERTRAUEN, GLAUBEN UND WAHRHEIT sind die Grundpfeiler des Fundamentes. Auf dieser Grundlage, in der Kraft dieser Basiselemente liegen die Energien, die unser Leben, sowie das Leben dieser neuen Hoffnung bringenden Kinder, verändern können. Aus dieser Quelle schöpfen alle die Stabilität, die Wurzelkraft für das Wachstum.

Der grösste Teil der Menschheit weiss mittlerweile, dass alles schwingt. Die ganze Göttliche Schöpfung ist eine mit – und durch alles verbundene Schwingung. Mit unseren Sinnen, auf allen Ebenen, der physischen, psychischen, mentalen und spirituellen Ebene nehmen wir diese Schwingungen wahr. Unser Körper reagiert bewusst oder unbewusst auf die ausgesendeten Vibrationen. Die Energiewellen sind auf Resonanzsuche. Ob sie auf ein Echo in der Plus- oder Minuspolarität treffen, liegt nur in der gesendeten Frequenz, also stets den Gesetzmässigkeiten entsprechend. „Wie wir in den Wald rufen, tönt es zurück."

Die Strahlenkinder fordern und fördern uns. Wachstum für sie, für uns, für die gesamte Menschheit und für Mutter Erde, liegt nur in der Bereitschaft zur Arbeit an uns, an jedem Einzelnen. Unser Ziel liegt in der Suche nach dem Klang der Seele, nach dem Tor des Seelenbündnisses, diesen unseren Seelenton zu finden, ihn zum klingen zu bringen, mit dieser Seelentonschwingungsfrequenz andere zu berühren und in ihnen ihre Seelenmelodien zu erwecken. Planet Erde ertönt in einer singenden, schwingenden, Herzen verbindenden Liebessymphonie. Nähren wir dieses Wunschbild einer fernen Zukunft mit einem mutigen Voranschreiten und der leuchtenden Vision eines Liebesplaneten!

Auf dem Weg in die eigene Kraft

Du und ich, wir alle sind auf dem Weg. Von der Geburt bis zum Tode sind wir Spursuchende. Unsere Erdenreise ist geprägt von einer grossen Zahl unterschiedlicher Wege. Doch jeder Weg trägt in sich die gleiche Mission, den gleichen Kern, das gleiche Ziel, nämlich uns hinzuführen in das Bewusstsein wo Mensch und Seele zusammenfinden, sich verschmelzen.

Einige haben einen leichten Geburtsweg, andere starten schon mit den grössten Schwierigkeiten. Wir folgen den Strassen der Kindheit, den abenteuerlichen, fröhlichen Entdeckungsreisen einer gänzlich unbekannten Landschaft. Alles ist neu, wird freudvoll und begeistert angegangen. Schon bald folgen die ersten Richtungswechsel. Wir werden auf vor gespurte Wege gelenkt. Eltern, Grosseltern, meistens die ganze Ahnenreihe gingen schon denselben Weg. Unbemerkt lassen wir uns lenken, ahmen nach und treten in die Fussstapfen unserer Väter und Mütter.

In diesen wichtigsten Kindheitstagen werden unauslöschliche Spuren gesetzt. Spuren die bedeutungsvoll und wegweisend sind. Die Eltern sind für ihre Kinder die Grössten, die ersten Idole, die ersten Helden. In ihrer kindlichen Art nehmen sie an, dass Eltern keine Fehler machen, dass alles was sie sagen und tun schon seine Richtigkeit haben wird. Nicht selten werden so schon in jungen Jahren Schuldgefühle erzeugt, die in eine völlige Aufopferungshaltung und Abhängigkeit führen. Über Jahrzehnte können Menschen leiden, zum Teil über den Tod der Eltern hinaus und werden durch grosse innere, unverarbeitete Nöte krank.

Mit dem Röntgenblick der Strahlenkinder werden solche Muster und Einprägungen durchbrochen. Neue Sicht- und Verhaltensweisen können, dürfen entstehen. Liebe Menschen gross und klein, Mann und Frau, haben wir doch den Mut Fehler oder Fehlentscheidungen einzugestehen. Erklären wir den Kindern, dass Menschsein ein tägliches Lernen ist, dass zu gemachten Fehlern zu stehen Grösse beweist und dass daraus nur Aufbauendes entstehen kann. Der Respekt wird in keiner Weise geschmälert, nein, das Vertrauensbarometer steigt und damit die Gewissheit, dass es für zugestandene Entgleisungen keinen Liebesentzug gibt. Hier werden die Wegweiser auf die Strasse des Erfolges gelenkt. Erkennen wir dies, dürfte unsere Erdenreise um einiges leichter und beschwerdenfreier werden.

Weiter führt die Lebensreise. Wir treffen auf verschlungene Pfade, deren Spuren sich verlieren. Statt eines Rückzuges nehmen wir Irrwege in Kauf, verfolgen diese eine gewisse Zeit, um dann irgendwann zu realisieren, dass die wohl beste Lösung in einem Neustart liegt.

Dann wiederum können wir auf krumme Wege geraten. Die haben es an sich, dass wir das Ziel gänzlich aus den Augen verlieren. Doch in unserem Seelen-GPS ist das Ziel eingetragen. Ein weiser Erdenbürger hat einmal den Satz geprägt: "Viele Wege führen zum Ziel!" Daraus nehmen wir, dass krumme Wege, aus denen wir Lebensweisheit erfahren dürfen, nur kleine Abstecher sind und dass jeder Mensch seinen individuellsten Lebensweg gehen kann und gehen darf.

Abwechslungsreich geht es einmal auf holprigen, steinigen Wegen, dann wiederum wandeln wir leichtfüssig eine freudenreiche Strasse entlang. Berg- und Talwege führen uns in lichte, weitsichtige Höhen und dann wieder durch enge, undurchschaubare Täler und Schluchten. Es kommt vor, dass wir am Fusse eines Berges stehen und sich uns nicht die kleinste Gelegenheit einer möglichen Durch- oder Überquerung zeigt, oder Abgründe tun sich auf und drohen uns zu verschlingen.

Schritt für Schritt folgen wir den Strassen, die das Leben uns aufzeichnet. Die einen sind uns bekannt, sind markiert, andere sind Neuland und wir wissen nicht wohin sie uns führen werden. Auf allen diesen Lebensläufen treffen wir einmal auf mehr, ein anderes Mal auf weniger Widerstände. Doch überwundene Hindernisse führen Energien von immenser innerer Stärkung mit sich. Gottes Wege sind nicht immer unsere Wege. Wir suchen uns den Wachstumsweg persönlich aus, doch Gott lenkt ihn mit unseren Schritten, dem Ziel, dem höchsten aller Ziele, Meister seiner selbst zu werden, Meister seiner selbst zu sein, entgegen. Der Kernpunkt ist, wir sind auf dem Weg. Ob wir das gewünschte Ziel in dieser oder einer weiteren Inkarnation erreichen werden, ist für die Seele und den Schöpfungsplan nicht von Bedeutung. Wichtig ist, dass eine innere Bereitschaft da ist, die uns geschenkten Fähigkeiten zu erkennen und zu nutzen und so in unsere Mensch-Seelenaufgabe hineinzuwachsen.

Machen wir uns also auf und folgen unserem Bewusstseinsweg. Wandern wir frohgemut durch die Lernjahre, mal mit leichtem Gepäck, dann wieder mit schwereren Lasten, doch stets in Begleitung einer weisen höheren Sicht, die den ganzen Weg sieht. Wir sehen immer nur Teile davon. Mit unterwegs sind zahlreiche andere Erdenmitreisende. Es ist ein stetes gemeinschaftliches Unterwegssein. So treffen wir immer wieder neue, andere

Reisebegleiter, mit denen wir ein kürzeres oder längeres Stück unseres Weges gehen. Mit unseren Schwingungen ziehen wir jeweils die Menschen an, die auf derselben Frequenz schwingen. Das heisst, in jeder Begebenheit ist Potenzial an Lebenslernstoff. Wir unterrichten uns gegenseitig, lernen von und durcheinander in einem ewigen Kreislauf des Voranschreitens, im Prozess unsere Lebensaufgabe zu lösen. Somit ist jede menschliche Begegnung für unser spirituelles Wachstum von grossem Einfluss. Dementsprechend zutiefst dankbar sind wir unseren Mitmenschen für jede Erfahrung, ob in der positiven oder negativen Polarität. Meistens verbergen sich in den Negativformen enorme Schätze an Wachstumspotenzial für eine Selbstbefreiung. Es ist ein hineinhorchen, ein hineinwachsen in die Weisheit des Herzens, in die alles überstrahlende Liebeskraft der Seele. So dient alles dem Weg in die Selbstmeisterschaft, einem neuen Bewusstsein, dem universellen Bewusstsein und der Verschmelzung mit unserer Seele.

Die neuen Kinder mischen sich immer mehr unter uns. Wir sollten uns bewusst sein, dass diese Kinder ein unermessliches Geschenk, direkt aus der Quelle an uns, an die Erde sind. Sie tragen das Urvertrauen, das vielen Menschen abhanden gekommen ist in sich. Sie geben uns, so wir sie lassen, durch ihre grosse Liebesfähigkeit laufend Hinweise unserer Herzensstimme, der feinen, klaren Sprache, unserer Seele Vertrauen zu schenken. In jugendlichem Alter zeigen und leben sie uns sehr oft Vertrauen in die innere Führung vor. In vielen Köpfen geistert die Zahl 2012. Wir wissen, alles ist im Wandel. Das Buch der Erde wird erneuert, neue Geschichte wird geschrieben werden. Von den einen wird diese magische Zahl benutzt, um mit den Energien der Angst zu operieren und zu manipulieren und viele lassen dies zu. In anderen kommt eine Art Endzeitstimmung auf, darunter befinden sich leider viele Jugendliche. Sie liessen und lassen sich die Hoffnungsperspektive nehmen und geraten in einen ungesunden, zerstörerischen Vergnügungs- und Genussrausch auf allen Ebenen.

Die anderen, wachsend an der Zahl, doch leider immer noch eine Minderheit, freuen sich darauf diese Chance zu packen, das Geschenk der Weiterentwicklung anzunehmen und mit ihrem Körper, in dieser Inkarnation in die neuen Energien aufzusteigen. Dazu braucht es aber einen vollen Einsatz an Arbeit an sich. Möglicherweise muss ich folgende Fragen überdenken. Was erwarte ich von meinem Leben? Was bin ich bereit zu tun? Wo fühle ich mich wohl, was macht mich glücklich und zufrieden? Wir können uns da an Vorbilder halten, die es bereits geschafft haben, die durch ihr beispielhaftes Erdendasein ihr Ziel erreichen konnten. Dabei sind zahllose biblische Gestalten, Heilige, Meister, Meisterinnen usw. Diese geistigen Freunde können wir natürlich auch bitten, uns für eine gewisse Zeit zu begleiten. Die Geistige Welt will uns dienen. Sie ist interessiert an unserem Wachstum, denn ein Dienst an uns bedeutet für sie Ehre, Freude, Wachstum und Erfüllung, auch sie wachsen dadurch. Als Begleiter, als Freunde und Unterstützer sind sie da, den Teil unseres schwierigsten, holprigsten Lebensweges mit uns zu gehen. In weiser Absicht erhielten die Strahlenkinder deshalb einen geistigen Berater / Beraterin zugeteilt. Nehmen wir also als Eltern, Grosseltern, Erzieher usw. unsere Vorbildfunktion wahr und geben unserer Jugend, unserer Zukunft, die Chance sich dahingehend zu entwickeln. Dem universellen Licht vertrauen, heisst sich selber vertrauen. Nur im Vertrauen in sich selbst hat die Gewissheit

Platz, dass alles in unserem Leben einen höheren Sinn hat und wir alle auf dem Weg in eine gelebte Seele-Mensch Einheit sind.

Viele Strahlenkinder fühlen schon früh ihre Berufung, uns mit ihren erstaunlichen medialen Fähigkeiten darin zu unterstützen, dass die Bereitschaft in uns wächst Entscheidungen zu treffen, die aus der Herzensquelle, aus der Lichtquelle kommen.

Liebe, Glauben, Vertrauen und Wahrheit sind unsere herzlich willkommen geheissenen Reisebegleiter auf unserem Entwicklungsweg, auf die angestrebte Verschmelzung mit dem Göttlichen Kern.

Ein Geschenk für Visionäre

Die Liebe, die Hoffnung, der Glaube, das Vertrauen und die Wahrheit brauchen einen ständigen Begleiter um den Weg als Ziel zu betrachten und dieses Ziel auch zu erreichen. Im Mut, im kreativ schöpferischen Mut finden wir diesen Weggefährten, der uns auch Schritt für Schritt durch alle Höhen und Tiefen begleitet.

Wir benötigen den Mut als begleitende Unterstützung auf der Entdeckungsreise zu uns selber. Sehr oft haben wir Angst Forscher unseres Selbst zu werden. Wir fürchten uns vor der Aufdeckung, vor der Entdeckung, vor dem Hineinschreiten in den noch im Verborgenen liegenden Grund unserer intimsten Geheimnisse. Das grosse Geheimnis des Lebens, unseres Lebens, liegt in uns.

Wir bekunden Schwellenangst. Die unbekannte Schwelle zu überschreiten, das Tor ins Ungewisse zu öffnen, benötigt Überwindung und Mut, denn es liegt in der Natur des Menschen, dass neues, unvertrautes Ängste auslösen kann.

In uns, in unserem Körper hat sich die Seele ihr Zuhause ausgesucht. Ihre ganze Sehnsucht besteht darin, einzutauchen in die Tiefe eines Daseins, indem sie auf die Einheit GOTT-MENSCH trifft, in ein Leben das in Grösse gelebt und nicht verlebt wird.

In erster Linie geht es darum, den Weg zu uns selber zu finden, dem Geheimnis unseres Lebens auf die Spur zu kommen und die Hoffnung auf Verwandlung, auf ein Seele-Mensch-Wachstum, auf einen Neubeginn nie zu verlieren. Sehr oft stehen wir uns selber im Weg. Wir kreieren Gedankengebilde von Projektionen, dessen Erwartungen stets im Aussen liegen. Aus einer solchen Haltung heraus entstehen ständig neue, kaum zu überwindende Hindernisse, bestehend aus unerfüllten Erwartungen an andere und den daraus entstehenden, immer wiederkehrenden Enttäuschungen. Dazu kommen ungeäusserte eigene Bedürfnisse, Rollenspiele und Glaubensmuster, die uns mehr und mehr von einem bewussten Leben, von unserer Seele entfernen. Statt in Erwartungshaltung zu leben, könnten wir uns nur wünschen geliebt zu werden und dem anderen stets so begegnen, wie wir es für uns wünschen. So erschaffen wir uns eine Wunscherfüllung nach der anderen und unser Leben kann sich freudvoll und erfolgreich entfalten.

Vielmals führen uns Irrwege oder Umwege vorerst vom Ziel weg. Leben ist lebendige Veränderung. Mut zum Leben und zu den dauernd an uns herantretenden, uns fordernden Aufgaben, bedeutet kontinuierliches Wachstum und Reichtum an Reife.

Die neuen Kinder kommen mit einer spirituellen Vision auf die Erde, sie wissen um die wahre Realität der Ganzheit. Es ist in der Tat ein riesiges Geschenk, das sie mit sich tragen und uns Menschen in reinster Herzensliebe übergeben möchten, damit ihre spirituelle Vision in eine Erdreale, eine physische umgesetzt werden kann. Diese Vision schenkt uns die Möglichkeit an eine verheissungsvolle Zukunft zu glauben, dem Wagnis Leben mutig in die Augen zu blicken, mit dem Fokus auf Freude und Leichtigkeit des Seins, in unveränderlichem, überzeugtem Wissen, dass unsere Seele und die ganze Geistige Welt in vollster Bereitschaft für Unterstützung hinter uns stehen.

Die Strahlenkinder schauen nicht weg, wenn es unangenehm wird, nein, sie wollen die Auseinandersetzung, denn sie fühlen intuitiv, dass ein ehrlich gelebter Meinungsaustausch eine vortreffliche Gelegenheit ist, lebendige Veränderung entstehen zu lassen. Mit den neuen Kindern sind ebenfalls Millionen von alten, in ihrer Evolution weit fortgeschrittenen Seelen inkarniert. Sie alle wollen mitwirken, miterleben, wie die Erde und damit die Menschheit ein neues Kleid anzieht. Ein Festkleid, gewoben aus den Sehnsuchtsträumen, die die Menschen vor langer Zeit aus ihren Augen, aus ihren Herzen verloren haben und die jetzt, in diesen wunderbaren, starken Zeiten, aus den Erinnerungen einer Einheit, neu erwachen, neu erblühen können.

Bitte schliesse einmal die Augen und lasse vor deinem geistigen Auge ein Bild, eine Situation entstehen, in dem dir Mut geholfen hat Grenzen zu sprengen, über dich hinaus zu wachsen, die Angstbarriere wie ein Hochspringer in Beherztheit zu überqueren. Sinke ein in die damals empfundenen Gefühle eines Siegers, bade darin und geniesse die Beschwingtheit und die daraus erwachsene grosse innere Zufriedenheit. Die Welt braucht Sieger. Ein Sieg über sich selber ist der grösste und wichtigste Sieg und löst die Ausschüttung aussergewöhnlicher Glückshormone in uns aus. Wir brauchen Mut zum Sieg, Mut zum Glück! Mut zum Erfolg!

Sind wir in Einklang mit uns und unserer Seele, so sind wir angeschlossen an die Glückshormonzentrale. Den Zugang, das Tor dazu, finden wir in der Wertschätzung unseres Seele-Mensch-Daseins. Aus der Summe der Selbstanerkennung, Selbsterkenntnis, Selbstentfaltung, Selbstverantwortung entsteht die Selbstliebe. Selbstliebe erzeugt Stärke, schafft ein Leben in der Einheit, aus der Führung der Seele heraus.

Alle Kinder, doch im Besonderen die neuen Kinder brauchen Eltern, Grosseltern, und Begleiter, die ihren persönlichen Seele-Mensch-Entwicklungsweg entschlossen und mit grosser Willenskraft gehen. Sie brauchen Führer in liebevoller, doch sehr konsequenter Art, Menschen, die die Liebe, den Glauben und den Mut zu sich selber gefunden haben und dadurch weitergeben können. So wird der Weg freigemacht und im Reich der Veränderung und Entschlüsselung kann Heilung geschehen und die Menschheit wird vorankommen.

Vorbilder, Menschen die bereits grosse Wegstücke der Selbsterkenntnis und Selbstfindung hinter sich haben, sind sehr oft Persönlichkeiten, die auf der Suche waren und letztendlich das wunderbarste aller Geschenke, das Geschenk einer Selbstheilungsvollmacht gefunden haben. Diese Beschenkung kommt einer Widergeburt in einem neuen Seelenkostüm gleich. Es ist die endgültige Befreiung von einem karmisch emotional gesteuerten Dasein in eine Erdenfreiheit im Christusbewusstsein. Das ist die Vision einer neuen Erde, einer neuen Menschheit. Für uns alle erbitte ich mir den Gnadenmut, für die Verwirklichung einer auf der Erde erzeugten und gelebten, grenzenlosen FREIHEIT.

Familienbande

Jedes einzelne Wesen, als wertvolles Unikat und eingebunden im Grossen und Ganzen als einzigartiges Puzzleteil im Netzwerk Menschheit, ist angetreten nach einem ureigensten Seelenplan, in der Schwingungsfrequenz von Planet Erde, im Ausdruck der Dichte eines menschlichen Körpers.

Da sind wir nun, mehr oder weniger bewusst, doch bereit, durch ausgesuchte, gemachte Erfahrungen, uns Wissen und Lebensweisheit anzueignen. Treffen wir auf weise, alte Menschen, mit einem reichen Erfahrungsschatz, die in einem gütigen, wohlwollenden Verständnis die Ungestüme der Jugend verstehen, so sind dies kostbare Geschenke eines gegenseitigen überaus bereichernden Austausches. Die Alten werden zurückversetzt in ihre weit zurückliegenden Jugendjahre und können in ihren Erzählungen alle Emotionen neu aufleben lassen. Aus der weisen Sicht des Alters sieht vieles anders aus und somit liegt auch die Chance darin, eventuell noch nicht geheiltes in eine Heilung zu geben. Die Jungen lernen ihre Ahnen von einer anderen, tieferen und verständnisvolleren Seite entdecken.

Wir kennen in der heutigen Zeit verschiedene Familienformen. Egal in welchem Ausdruck wir sie antreffen, der Inbegriff von Familie bedeutet, Liebe, Geborgenheit, Angenommensein, Verständnis, Vertrauen, Freude, Freunde, Freiheit usw. Uneingeschränkt fliessen diese aus der Quelle der Schöpfungsfamilie.

Weitere Familien sind: die Ahnenfamilie, die Seelenfamilie, die Familie in die wir hineingeboren werden, die Geschäfts- und Freundesfamilie und heute sehr verbreitet die Patchworkfamilie.

Die Familien, welche Strahlenkinderseelen sich aussuchen, werden mit einer ganz besonderen Aufgabe verbunden. Gilt es doch diese leuchtenden Wesen in ihrem oftmals sehr beschwerlichen Lebensaufgabenbereich auf liebevollste Art zu begleiten, zu unterstützen und zu lenken. In einem viel grösseren Masse als andere Kinder brauchen sie Liebe, Vertrauen, Geduld, Verständnis und ganz klare Richtlinien. Sind diese Strukturen nicht gegeben, so kann ein Zusammenleben in Familie, Schule und Umfeld überaus anstrengend und zerstörerisch werden.

In ihrem Innersten kennen sie die Mission, für die sie ausgesandt werden. Sie sind die Botschafter, die Lehrer der universellen Liebe und Weisheit. Das angestrebte Ziel ihrer Seele ist, die Menschen wieder in ein Leben aus der Mitte heraus und der unendlichen Liebe und Weisheit ihrer Beschaffenheit zu führen.

Das neue Zeitalter bringt neue Herausforderungen. Diese Kinder kommen im genau richtigen Moment. Einige, die Vorreiter, sind bereits über vierzig Jahre alt. Man hört ab und zu, die Welt ist so gut oder so schlecht wie die Gesellschaft. Ich möchte da nicht näher darauf eingehen, nur soviel, wo Licht ist, ist auch Schatten. Kaum jemandem, der mit offenen Sinnen durchs Leben wandelt, entgeht was Macht, Kontrolle und Gier im Stande sind anzurichten. Mit den fatalen Folgen für die Menschen und die Tier- und Pflanzenwelt, werden wir tagtäglich konfrontiert.

Der Schöpfer aller Dinge liebt seine Kinder über alles und lässt sie nie im Stich. In der Schöpfungsgeschichte wusste er um diese immer wiederkehrende Problematik, um die schmale Grenzlinie zwischen Gut und Böse.

Jedes einzelne dieser Kinder ist ein Geschenk, sowie jedes Kind ein Geschenk, ein leuchtender Stern im Universum ist. Im Inhalt der Beschenkung der Strahlenkinder liegt die Kraft des Aufbruchs und des Umbruchs, hier ist die Liebe, die schonungslos entwaffnende Ehrlichkeit, der Antrieb für Veränderung.

Veränderung hat ihren Anfang in jedem Einzelnen von uns. Hier liegt das grosse Potenzial einer visionären Zukunft eines friedvollen Planeten Erde, von einem Himmelskörper, wo gelebte Nächstenliebe und Gerechtigkeit wieder Hauptmerkmale der Gesellschaft sind.

Heissen wir also diese irdischen Lichtwesen mit weit offenen Herzen in unseren Familien, in unserer Gesellschaft willkommen, mit dem höchst möglichen Einsatz, sie in ihrem Seele-Mensch-Dasein und in ihrer speziellen Aufgabe zu unterstützen und zu begleiten.

Jugend

"Die Jugend liebt heutzutage den Luxus. Sie hat schlechte Manieren, verachtet die Autorität, hat keinen Respekt vor den älteren Leuten und schwatzt, wo sie arbeiten sollte. Die jungen Leute stehen nicht mehr auf, wenn Ältere das Zimmer betreten. Sie widersprechen ihren Eltern, schwadronieren in der Gesellschaft, verschlingen bei Tisch die Süssspeisen, legen die Beine übereinander und tyrannisieren ihre Lehrer."

Diese Worte stammen nicht etwa aus der Feder eines verärgerten, verzweifelten und überforderten Zeitgenossen, nein, es ist kaum zu glauben, doch es liegen über zwei Jahrtausende dazwischen. Der griechische Philosoph Sokrates um 469 v. Chr. - 399 v. Chr., der uns mit seinen ausdrucksstarken Zitaten bis heute begleitet, hat sich damals so geäussert und wir wissen alle, dass sich das allgemeine Bild bis heute nicht verändert hat. Es gehört in den Entwicklungsweg des Lebens, die eigene Macht und Kraft zu entdecken. So suchen wir mehr oder weniger die Auseinandersetzung, wollen uns behaupten, wollen Grenzen spüren und sie mitunter auch sprengen.

Machtkämpfe haben immer stattgefunden und werden heute mehr denn je weltweit ausgetragen. Es liegt in einem gewissen Sinne in der Natur des Menschen, wie der Tiere, seinen Platz zu behaupten, Rangordnungen zu erstellen um sich so seine Stärke zu beweisen. Ich glaube, dass sich in uns das Bild des schöpferischen Grundgedankens etwas verzerrt hat. Wir müssen den Gesetzmässigkeiten von Ursache und Wirkung wieder mehr Aufmerksamkeit schenken und begreifen, dass Machtausübung im kleinen wie im grossen nur Verlierer hervorbringt. Aus gesätem Hass kann niemals Liebe zurückfliessen, wie aus einer gleichgültigen Haltung kein verbundenes und verbindendes von Herzlichkeit getragenes Füreinander entstehen kann. So ist ein einträchtiges, erfolgversprechendes und Generationen verbindendes Miteinander nur dann möglich, wenn der Umgang in jeder Altersstufe von Achtsamkeit und Wertschätzung begleitet wird. So können wir zum Beispiel ausprobieren, wie wir in der Lage sind mit positivem Gedankengut brenzlige Situationen zu veredeln oder Kräfte raubenden Rechtfertigungen aus dem Wege zu gehen.

Wir hören und lesen vom goldenen Zeitalter, in das wir uns nun begeben haben. Die Menschheit sehnt sich mehr denn je nach Frieden, nach Einheit und nach Freiheit. Weltfriede beginnt in mir, in dir, in jedem einzelnen Menschen. Solange wir den inneren Frieden, diese Seele-Mensch Verkörperung, die aus Selbstverzeihung und Selbstbefreiung entsteht, nicht integriert haben, solange wird ein globales Friedenserlebnis unmöglich sein.

Die heutigen Kinder und jungen Erwachsenen haben hoch sensible Antennen in der Empfindung von Energien. Ihr Schwingungsbarometer verläuft anders, als noch vor ein paar Jahrzehnten und dies weil die Erhöhung der Schwingungsfrequenzen allgemein spürbar ist und wir dadurch bewusst oder unbewusst empfänglicher werden. Diese Aufnahmefähigkeit bezieht sich verständlicherweise auf beide Kräftepunkte. Beobachte einmal deine körperlichen und geistigen Reaktionen in einem ausgeglichenen, liebenswürdigen Umfeld und dann in einer gereizten, aggressiven, frostigen und gleichgültigen

Umgebung. Du wirst feststellen, dass deine Verhaltensweise und dein körperliches Empfinden grundverschieden sein werden.

Mein Anliegen ist es, dir, uns allen Mut zu machen für eine beharrliche Arbeit an sich, begleitet von immer wieder neu definierten Zielen.

Eine gewisse Gleichgültigkeit und Achtung dem Leben gegenüber hat zugenommen. Gleichgültigkeit ist fehlender Liebe zuzuordnen. Ein über längere Zeit andauerndes Defizit an Liebe, an Selbstliebe, an Nächstenliebe, an universeller Liebe, kommt krass ausgedrückt einem Todesurteil gleich. Jeder Mensch, jedes Lebewesen braucht Zuneigung.

Auch in der Erziehung liegen Macht und Ohnmacht nahe beieinander. Kinder, kleine und grössere, wollen ihr Durchsetzungsvermögen ausloten, sie wollen wissen wie viel Macht habe ich gegenüber Eltern, Lehrer oder Schwächeren. Kräfte wollen gemessen werden und was liegt näher als ein dünnhäutiges Nervenkleid zu testen.

Dem entgegengesetzt steht auch eine bewusste oder unbewusste Machtausübung der Erwachsenen. Wichtig scheint mir dabei die Unterscheidung, wann muss ich als Erwachsener zum Wohle des Kindes ein erklärendes Machtwort sprechen und wann übe ich als Erzieher meine Autorität aus, um die Kinder für meine Bedürfnisse gefügig zu machen oder noch schlimmer an ihnen meine Frustrationen auszulassen. Hier liegen wesentliche Unterschiede. Ich weiss, ich erzähle dir nichts Neues und glaube mir, von Herzen gerne würde ich hier ein Erziehungsrezept mit absoluter Gelinggarantie präsentieren. Ich gebe es zu, auch ich habe es nicht. Was ich jedoch empfehlen und zum ausprobieren ermuntern möchte ist folgendes:

Wenn Kinder so genannt "ausrasten", dann konzentriere dich bitte zuerst auf dich. Atme bewusst in dein physisch emotionales Herz und in dein Herzchakra (Das Herzchakra befindet sich in der Mitte der Brust, rechts vom physischen Herz). In der Verbindung mit der universellen Liebe liegt deine Aufmerksamkeit nur beim Einatmen - Ausatmen, Einatmen - Ausatmen, Einatmen - Ausatmen... Bitte um innere Ruhe und äussere Gelassenheit und versuche dich vom Tobsuchtsanfall oder von einem Nerven zerreissenden Schreien nicht stören zu lassen. Nach einer kurzen doch vollen Achtsamkeit auf deinen Atem wird Ruhe in dir einkehren. Dann gehe auf das Kind zu, schliesse es wortlos in deine Arme oder lege nur deine Hand intuitiv an eine Stelle auf seinem Körper. Je nach Zustand kannst du dem Kind sagen, dass du seine Wut verstehst und dass es sich deiner Liebe und deines Verständnisses jeder Zeit sicher sein kann. In dieser Herz zu Herz Verbindung wird sich das Kind beruhigen und aus dem Fluss dieser Liebe heraus werden nach und nach kleine und grössere Wunder möglich. Bitte versuche dieses Rezept immer und immer wieder. Auf Feedbacks von Erfolgen freue ich mich schon jetzt!

LIEBE, GLAUBEN, VERTRAUEN und HOFFNUNG, mit diesen Zutaten schenken wir uns und der Jugend dieser Welt eine heilende und befreiende Arznei.

AUFWACHSEN

Wächst ein Kind mit Kritik auf – lernt es, zu verurteilen!
Wächst ein Kind mit Hass auf – lernt es, zu kämpfen!
Wächst ein Kind mit Spott auf – lernt es, scheu zu sein!
Wächst ein Kind mit Schmach auf
– lernt es, sich schuldig zu fühlen!
Wächst ein Kind mit Toleranz auf – lernt es, geduldig zu sein!
Wächst ein Kind mit Ermutigung auf
– lernt es, selbstsicher zu sein!
Wächst ein Kind mit Lob auf – lernt es, dankbar zu sein!
Wächst ein Kind mit Aufrichtigkeit auf
– lernt es, gerecht zu sein!
Wächst ein Kind mit Sicherheit auf
– lernt es, zuversichtlich zu sein!
Wächst ein Kind mit Anerkennung auf
– lernt es, sich selber zu schätzen!
Wächst ein Kind mit Güte und Freundlichkeit auf
– lernt es, die Welt zu lieben.

Text eines Wandspruches in der Filderklinik Stuttgart

Strahlenkinder - wer sind sie, was wollen sie?

Das Lebewesen Mensch und somit alle Kinder dieser Erde sind das bedeutungsvollste Geschenk des Schöpfers an uns und an die Erde. Im Zeugungsprozess finden Ei und Same, weiblich und männlich, Vater und Mutter, Körper und Seele, Gott und Mensch, in Liebe zusammen. In dieser Einheit und Vereinigung entsteht neues Leben. Das Wunder des Lebens!

Die neuen Kinder haben eine enorme Liebesfrequenz und sie kommen um die Liebesfähigkeit in den Menschen zu fördern und dadurch unseren Planeten neu auszurichten. Wir befinden uns in einer Zeit des Überganges und damit verbunden sind Ängste, Unsicherheiten, Hindernisse, Transformationen und Herausforderungen. Das Alte, Egozentrische wehrt sich, dem zum Wohle aller dienenden, Frieden und Heilung bringenden Neuen, Platz zu machen. Die Spannungsfelder, die wir alle spüren, die aus einem grossen emotionalen Chaos entstehen, werden von den neuen Kindern in extremer Art aufgenommen und gespürt. In allen Bereichen überaus feinfühlig, sind sie gegenüber Machtmissbrauch ausserordentlich anfällig. Kinder sind den Erwachsenen sehr oft ausgeliefert. Inkarniert mit hoch entwickelten Seelen sind diese Kinder schon sehr früh wahre Persönlichkeiten, die auch erwarten von ihrem Umfeld als Persönlichkeit wahrgenommen, das heisst ernst genommen zu werden. Diese Kinder sind anders, sind besonders, doch in erster Linie sind sie Kinder und das sollen sie auch sein dürfen. Wie alle Kinder haben sie das Recht auf eine frohe, unbeschwerte Kinder- und Jugendzeit, das Recht auf eine natürliche Entwicklung in einem sozialen Umfeld. Eine kindgerechte Entfaltung des Gefühls- wie des physischen

Körpers, ist deshalb sehr wichtig. Haben sie die Chance in einer natürlichen Umgebung aufzuwachsen, erkannt in ihren besonderen Begabungen, doch frei von jeglichem Druck, besteht die grösste Möglichkeit, dass sie in späteren Jahren ihren Aufgaben gerecht werden können.

Das Licht der Welt erblicken sie mit einer absoluten Transparenz zwischen physisch, geistig und mentalem. Ihren Wahrnehmungen sind somit keine Grenzen gesetzt. Mit der grössten Selbstverständlichkeit sprechen viele über das was sie sehen, fühlen und erkennen können. Reisen zwischen den Welten, Aufenthalte in anderen Dimensionen, sind für sie nichts Aussergewöhnliches. Es gehört zu einem Teil des Dienstes, den ihre Seele übernommen hat. Um dies als nicht Eingeweihter zu verstehen, braucht es eine grosse Dosis Verständnis und Vertrauen.

Unter einem besonders starken Schutz treten diese Seelen ihre abenteuerliche Reise auf Planet Erde an, im Wissen, dass ihre Aufgaben und ihr Erdendasein überaus wertvoll und mit immensen Herausforderungen und Schwierigkeiten vielseitigster Art geprägt sein werden.

Die Verbindung zur Quelle allen Seins ist so enorm, dass für sehr viele die Akklimatisation in der Dichte unseres Planeten die reinste Qual bedeutet. Sie fühlen sich in ihrem kleinen, schmerzenden Körper gefangen. Die Kompatibilität mit der Erddichte fehlt ihnen. Zusätzliche starke magnetische Frequenzen machen vielen die Anpassung zur Erde noch schwieriger. Mit grossen medialen Fähigkeiten gesegnet, können sie sich mit zunehmendem Alter auf den Wellen der Telepathie mit anderen verständigen. Doch vorerst schreien sie sich zum Teil über Wochen und Monate von krampfartigen Schmerzen gepeinigt durch ihr junges Leben. Medizinisch nicht selten unerklärbar, werden sie durch die Unwissenheit der Eltern und Ärzte falsch behandelt oder im schlimmsten Falle sich selbst überlassen. Unsagbar leidend fühlen sie sich von der Quelle abgeschnitten, einsam und verlassen. Ebenfalls die Eltern geraten mut- und kraftlos an den Rand der Verzweiflung. Es ist sehr gut nachvollziehbar, wie unendlich viel Kraft und Geduld Eltern mit diesen schreienden Babys aufbringen müssen. Ebenso verständlich ist, dass in einem arg strapazierten elterlichen Nervenkostüm ab und zu der Geduldsfaden reisst. Deshalb sind Aufklärung, Unterstützung und wohlwollende Beratung sehr wichtig. Geschieht dies nicht in den Anfängen, wird das Leben der Kinder, wie auch des ganzen Umfeldes, zunehmend schwieriger und problematischer. Um in der ganzen Kraft Eltern, Lehrer oder Erzieher zu sein, ist es unumgänglich Mittel und Wege zu kennen, die eigene Mitte, die Balance bei entstandenem Ungleichgewicht schnell wieder herzustellen.

Die ersten Bezugspersonen sind die Eltern. Sind im besten Sinne beide Elternteile in ihrer Persönlichkeit, ihrer spirituellen Offenheit bereits erwacht, zugänglich für die anspruchsvollen Bedürfnisse dieser kleinen Lebewesen, bedeutet dies ein unermessliches Geschenk. Diese Kinder, sie sind ein Geschenk des Schöpfers an uns und sie kommen die Menschheit zu verändern, eine neue Weltanschauung zu gebären. Die Erde möchte sich verändern, möchte spiritueller, geistig leichter werden. Langsam, doch stetig wachsend, ist dieser Wandel nun im Gange. Viele Menschen haben die Zeichen der Zeit erkannt, haben ihre persönliche Wahl zur Veränderung und zu einem mutigen Voranschreiten getroffen.

Die Offenheit der Eltern schenkt diesen Kindern den sehr wichtigen Freiraum ihre Gedanken und Gefühle auszudrücken und mitzuteilen. Haben sie das Glück und kommen in den Genuss dieses Freiraumes und werden nicht von alten Strukturen und Dogmen blockiert, ist die Chance gross, dass sie den Auftrag, für den sie gekommen sind, erfüllen können. In einem liebe- und verständnisvollen, doch äusserst konsequenten Lenken, können sie sich entfalten, wachsen und gedeihen und ihren ansteigenden Aufgaben gerecht werden.

Mit zunehmendem Alter nehmen die Kinder ihr "Anderssein" wahr. Doch vorher, im frühen Kindesalter glauben sie, dass ihre Art der Wahrnehmungen, die Dinge hinter den Dingen zu sehen, etwas ist, das allen Menschen zugänglich ist. Daher nehmen sie an, dass sie im klaren Ausdruck ihrer Wahrheit ernst genommen und unterstützt werden. Tritt dies nicht ein und ihre direkte Art sich mitzuteilen fällt nicht auf aufbauendes Verständnis, auf fruchtbaren Boden, können zwei Sachen geschehen. Sie ziehen sich in ihre eigene Welt zurück und beschliessen all' diesen Zerwürfnissen ein Ende zu setzen. Ganz bewusst machen sie alle Tore zu den feinstofflichen Verbindungen zu. Die von der Seele gewünschte Vermittlung als Brückenbauer und als Botschafter scheint für sie von unüberbrückbaren Schwierigkeiten blockiert zu werden. In der schlimmsten Form kommt dies einer Verstümmelung der Seele gleich. Sie leiden dann unsagbare innere Qualen, die sie entweder verstummen und sich anpassen lassen oder die Erklärung der totalen Rebellion.

Die Sehnsucht nach dem ihnen so vertrauten Gefühl der Absolutheit, der ganzheitlichen Verbundenheit, dem Einssein mit der Alleinheit, lässt sie in vielen Situationen seelisch und körperlich krank werden. Dies geschieht in einer unbewussten Art und Weise. Doch bieten Krankheiten im Nebeneffekt die Möglichkeit von der Umgebung, vor allem von den Eltern, Liebe, Aufmerksamkeit und Zuwendung zu erhalten. Die zunehmende Zahl an Bulimie und Anorexie, (Magersucht) an Krebs und anderen unheil- und unerklärbaren Krankheiten bei Kindern und jungen Menschen sind nur eine Form der Selbstzerstörung. Ab und zu geschieht es, dass die Seele beschliesst zu gehen und ihre Evolution in einer anderen Dimension wahrzunehmen, weil sie erkannt hat, dass sie in diesem Leben keine Fortschritte machen kann.

Starten sie aber ihren Kampf des Widerstandes, dann tun sie dies mit allen Konsequenzen. Sie sind Meister in der Kunst der Provokation. Sie verstehen es aufs Beste immer neuere, noch provokativere Register zu ziehen, um so die Aufmerksamkeit auf ihre innere Einsamkeit zu lenken und verlieren so völlig die Kontrolle und die Orientierung. Sie legen einen unbeschreiblichen Durchsetzungswillen, gepaart mit grosser Überzeugungskraft an den Tag, die in eine umwerfende Arroganz ausarten kann. Gesellschaftliche Ausgeschlossenheit ist meistens die Folge und die negative Spirale kann sich drehen und an Kraft zulegen. Dazu kommen noch der Drang nach Zerstörung und die Lust, die selbst erlittenen inneren und manchmal auch äusseren Verletzungen nun auch anderen zuzufügen. Dies sind alles Resultate aus tiefsten emotionalen Nöten und Wunden. Die daraus entstehenden Belastungen für Familie, Umfeld und Schule sind unvorstellbar.

Daneben gibt es die Strahlenkinder, die nicht negativ auffallen, die sich überall anpassen, einordnen, abkapseln und sich in eine eigene innere Welt flüchten. Auch sie finden sich mit ihrem "Anderssein" nicht zu Recht, fühlen sich ungut, unverstanden und ungeliebt und deshalb im Abseits. Meister in der Wahrnehmung mit allen Sinnen, geraten sie unter Druck und leiden grosse emotionale Schmerzen, sie hören zwar ihre Seelenstimme, doch ihr Geist hat das Vertrauen noch nicht. Eine einfühlsame, geduldige elterliche und schulische Führung ist Balsam für diese Seelen. Nehmen wir also diese grösste aller Aufgaben wahr und führen diese Kinderseelen Schritt für Schritt, stets auf eine dem Alter angepassten Weise, in die bewusste Liebes- Weisheits- und Wissensverbindung mit ihrer Seele ein.

Damit sie ihre besonderen Fähigkeiten entwickeln und die Erkenntnisse ihrer Sinneseindrücke richtig einordnen und auch wertschätzen lernen, sind sie auf Beistand und Bestätigungen angewiesen. Je nach Verständnis zeichnet sich dann ab, ob der Weg in eine förderliche oder in eine tragische Richtung führt. Sie müssen langsam hineinwachsen in den Reichtum ihrer aussergewöhnlichen Gaben und brauchen deshalb ein grosses Mass an Zuspruch, an vertraulicher Geborgenheit und im besonderen Mut machende Gespräche. Gespräche in denen ihnen immer wieder glaubhaft versichert wird, dass sie in Ordnung sind und dass negative wie positive Emotionen wertvolle Erfahrungen sind und sie nur so in die Mission ihrer Aufgaben hineinwachsen können.

Sie kommen alle mit einem weit offenen Herzen, neue Geschichte zu schreiben. Ihr Wunsch ist es, als Diener für das spirituelle Wachstum der Erde angenommen und unterstützt zu werden. Sie wollen in uns die Erinnerung wecken, dass wir nur ein Ziel im Leben haben, die Göttlichkeit in uns wieder zu spüren, sie zu leben und auszudrücken. Sie sind die vom universellen Licht Gesandten, mit dem Auftrag die Macht der Liebe wieder sprechen und herrschen zu lassen.

An uns liegt es, dass sie ihren Weg nicht in der Abkapselung oder in der Opposition, die beide zu innerer Leere, grosser Trauer und Einsamkeit führen, suchen müssen. Aufklärungsarbeit ist deshalb von grösster Wichtigkeit, von grösster Notwendigkeit. Vielerorts ist die Hilfe für "ADHS-KINDER", wie hyperaktive Kinder nur auf Ritalin oder ähnlichem konzentriert und als einzige Lösung angesehen und angeboten. Beruhigende Mittel können die Situationen entspannen, sollten aber nie als Lösung der Probleme angesehen werden. Wohlverstanden, nicht alle "ADHS" Kinder oder hyperaktive Kinder sind Strahlenkinder, dennoch haben viele die gleichen auffallenden Symptome. Dazu gehören Konzentrationsschwäche, überhöhter Bewegungsdrang, Ablenkbarkeit, Aufmerksamkeitsdefizit, ausgedrückte und versteckte Aggressionen und Frustrationen, die Wutausbrüche oder tiefe Trauer auslösen können usw. Doch ALLE Kinder verdienen es, dass ihnen geholfen wird.

Sicher fragst du dich jetzt, wie weiss ich ob ein Kind/Mensch ein Strahlenkind ist. Die absolute Gewissheit erfahren wir nur in der Verbindung mit der Seele, also in einem Seelenchanneling. Dazu braucht es eine fundierte Ausbildung in der Seelenkommunikation, Erfahrung und Integrität. Integrität deshalb, weil es Situationen geben kann, da ich im Ausdruck meiner Seelenwahrheit, Menschen beziehungsweise Eltern enttäuschen muss, indem ich ihnen sagen muss, dass ihr Kind ein einzigartiges, strahlendes Geschenk, doch kein Strahlenkind ist. Noch einmal, es gibt in der Schöpfungsgeschichte kein mehr oder weniger, kein richtig oder falsch: ALLE MENSCHEN SIND UNIVERSELL GLEICHWERTIG! Eine wunderbare himmlische Gleichsetzung, die nur noch etwas erdrealer werden darf.

Es gibt im seelischen, im körperlichen und mentalen Bereich, verschiedene Erfolg versprechende Hilfen. Beeindruckende Resultate werden durch die Erdung dieser Kinder erzielt. Dazu gibt es einen wunderbaren Erdungsprozess, (aus der Schulung von Frank Adamis Alper) der schon bei Neugeborenen gemacht werden kann und ihnen, wie ihren Eltern die starken körperbetonten Belastungen erleichtern oder nehmen kann.

Bestens geeignet ist diese Behandlung auch für Menschen, denen Krankheiten, Trennungen usw. buchstäblich den Boden unter den Füssen genommen haben oder für jene die den Bezug zur Erdrealität verloren haben und zuviel in den Wolken schweben.

Für Strahlenkinder ist eine erdbezogene Zentrierung, eine Erdgeborgenheit eminent wichtig. In der Herstellung einer bewussten Verbindung mit ihrer Seele und ihrem Körper erfahren sie die Einheit, aus der eine tiefe innere Ruhe entstehen darf und dies wiederum ermöglicht ihnen ein ganzheitliches JA zu ihrem Leben zu wagen. Sie benötigen genügend Raum und Zeit, um ausgewogen in schöpferisch kreativen Tätigkeiten, in Erlebnissen in und mit der Natur, in individuellen geistig/mentalen und geistig/physischen Aufgaben ihren Alltag zu gestalten. Nicht zu unterschätzen ist eine hochwertige, ausgewogene Ernährung. Sie hilft den Kindern ruhiger zu werden, dadurch werden sie angenehmer im Umgang und die Konzentrationsfähigkeit steigt zur Freude aller an. Spirituelle Heilarbeit im harmonischen, konstruktiven Gespann mit Eltern,

Schule und Medizin ist ein Wunschbild meiner, unserer nahen Zukunft.

Das Tor zur Liebe und damit zur Quelle für den Fluss der Fülle, finden wir zuerst in einer wachsenden Wertschätzung für uns selber. Um die Leuchtkraft des Sternenzeltes zu geniessen, muss der Tag der Nacht Platz machen, muss das Helle dem Dunklen Raum schenken. Du, ich, wir alle haben Sonnen- wie Schattenseiten. Indem wir ganz besonders unsere Unzulänglichkeiten annehmen und zu ihnen stehen, entwickeln wir innere Grösse. Wir geben uns, den anderen und ganz besonders diesen alles durchschauenden Kindern, die Chance für persönliches Wachstum. Ein Spruch im Volksmund heisst: „Selbsterkenntnis ist der Weg zur Besserung." Das heisst, ich kämpfe nicht dagegen an, sondern erkenne, nehme an und arbeite für eine positive Veränderung. Vielleicht eignen wir uns diese Gedankenstrategie an und arbeiten zuerst für unseren persönlichen inneren Frieden und nähern uns so mehr und mehr einem globalen Frieden. Im Augenblick scheint uns der Traum, die Wunschvorstellung eines globalen Friedens noch weit entfernt von der Realität. Die unbeirrbare Hoffnung auf Wunder ist allemal gestattet und dazu hilft uns die Katalysatorenenergie dieser Kinder. Im Namen dieser universellen Liebesgeschöpfe bitte ich euch, belastet die Kinder nicht mit der Hypothek "Strahlenkind". Lasst sie möglichst in unbeschwerter Leichtigkeit ihre Kinder- und Jugendzeit erleben und geniessen. Um in der Gesellschaft und im Leben zu bestehen, ihren Mann, ihre Frau zu stellen, brauchen sie, wie alle Menschen, unbedingt die Erkenntnisse aus selbst gemachten Erfahrungen. Nur so kann sich das Potenzial in die richtige Richtung entwickeln.

Geben wir den neuen Protagonisten allen erdenklichen Beistand, dass sie ihren Auftrag erfüllen können und dass unser Planet wieder zu dem werde, als das er ursprünglich geplant war, zu einem Garten Eden.

Channeling von Aletia

Wir sind Aletia mit dem golden-magenta Strahl. Unsere Grüsse, unseren Segen und unsere Freude in alle Herzen, die sich mit diesen Worten verbinden. Ja, Worte, ob in gesprochener oder gelesener Art, sind Energien die fliessen und wir möchten hier mit unseren Energien euch berühren, euch anregen und etwas in euch in Bewegung setzen. Gleichzeitig legen wir einen Mantel aus unserem golden-magenta Licht um euch. Es ist ein Lichtumhang der besonderen Art. Er durchdringt alle eure vier Körper, den physisch/materiellen Körper, den Gefühls/Emotional Körper, den Verstandes/Mental Körper, und euren Energiekörper, den Licht/Geist Körper. Zur Stärkung und zur Klärung fliesst nun dieser liebesmagnetische Strahl durch eure Körper, erreicht jede Zelle und durchdringt jedes Atom. Eure Augen, die Fenster eurer Seele leuchten in einem Liebesseelenglanzlicht.

Ihr nehmt wahr, dass das Licht in den Seelenfenstern vieler Menschen erloschen ist und dass darin ein leerer Ausdruck entstanden ist. Doch ab und zu, bei ganz besonderen Begegnungen dringen durch die geschlossenen Vorhänge ganz wage Lichtschimmer. Diese Schleier müssen weichen, müssen dem Seelenlicht wieder einen freien, froh machenden Ausblick gewähren. Was gibt es schöneres und beglückenderes als zwei leuchtende Augenpaare die sich begegnen, aus denen die Funken der Freude, der reinen Lebensfreude überspringen? Liebes-Freude- und Friedensfunken, die der inneren Sonne, dem Zentrallicht im Körper entspringen und durch die Seelenfenster ins Aussen gelangen.

Unsere Energien wurden vor langer Zeit ausgewählt, die Mütter der neuen Kinder zu unterstützen, sie mit unserem

Licht in ihrer Seelenenergie zu stärken, ihnen als Beschützerin, als Führerin, als geistige Mentorin zur Seite zu stehen. Wie die Seelen der Kinder bei der Zeugung von ihrem jeweiligen Strahl "bestrahlt" werden, erhalten ihre Mütter unseren Schutz- und Unterstützungsstrahl, damit die Frequenz stimmt, um diese Seelen zu empfangen, die Kinder zu tragen und zu gebären. Ihre Seelen haben sich bereit erklärt die grosse, verantwortungsvolle Aufgabe der Begleitung und der Förderung zu übernehmen. Ob sie diesen Auftrag erfüllen können und wollen, liegt an der Entwicklung ihres spirituellen Bewusstseins und in ihrem persönlichen freien Willen. Damit die Strahlenkinder ihrem Seelenplan gerecht werden können, ist es zu wünschen, dass sich mehr und mehr Herzen öffnen mögen und diesem neuen Wissen Einlass gewähren.

Warum nur die Mütter hören wir euch fragen, die Väter gehören doch auch dazu, haben die gleichen Rechte und Pflichten und zur Zeugung neuen Lebens braucht es immer noch den weiblichen und den männlichen Teil. Unzweifelhaft haben wir auch eine starke Verbindung zu den Vätern. Die Beziehung Mutter - Kind jedoch ist im Weitergeben jedes neuen Lebens einzigartig und im wahrsten Sinne Herzblut verbunden. Ausgangspunkt ist die Vereinigung von Same und Ei, in dem Moment wo sich die Seele in den Schoss der Mutter bettet. Hier bei diesem wundervollen Akt beginnen Bande, die bis zum letzten Atemzug und darüber hinaus bestehen bleiben. Unter dem Herzen der Mutter, eingebettet in der Geborgenheit und Wärme, getragen vom Wasser des Lebens, reift dieser göttliche Keim heran. Es entsteht dieses neue Leben aus einer tiefen, beiderseitigen Liebe heraus, in Respekt und Achtsamkeit zu diesem werdenden Leben, diesem Wunder gegenüber und kündigt einen optimalen Start ins Erdendasein an.

Da das Menschsein auf eurem verdichteten Planeten alles andere als leicht für diese Kinder ist, benötigen sie umso mehr die schützende Nestwärme in einem von Liebe und Feingefühl erfüllten Elternhaus, indem spirituelle Offenheit vorgelebt wird. Nur so können sie mit zunehmendem Alter ein vollumfängliches JA zum Leben, ein überzeugtes JA zu ihrer Lebensaufgabe geben. Damit dies geschehen kann und die Wege der Veränderung zum Segen und zu Herzen öffnenden Toren werden, braucht es die vorgelebte Wirklichkeit. Hier richten wir einen innigen Appell an alle, die von diesen Worten berührt werden. Nehmt sie zunehmend wahr, eure enorme Vorbildfunktion. Menschen aller Farben und Kulturen, in den unterschiedlichsten Berufen erkennt die göttliche Macht, die in euch ruht, setzt sie ein und die Welt, eure Welt wird sich verändern. Lebt eure Spiritualität in Offenheit, nährt eure Träume und Visionen und ihr werdet zu nachahmenswerten, zu echten Vorbildern. Nur ein in diesem Sinne gelebtes Leben kann letztendlich die Erde, eure Erde verwandeln, kann die Weiterentwicklung im Seele-Mensch-Dasein fördern. Findet den Mut euren Schwächen und Ängsten in die Augen zu sehen, sie anzunehmen um sie dann mit der euch innewohnenden Kraft in Stärken zu wandeln, die zu mutvollen und Mut machenden Resultaten führen werden. Darin liegt das umfänglichste Potenzial, das den neuen Kindern, aber auch allen anderen Mitmenschen hilft, ihr Leben auf ein segen- und erfolgreiches Abenteuer zu lenken. Wir freuen uns auf die alles durchdringende und alles wandelnde Seelenfensterleuchtkraft!

Mit unserem golden-magenta Strahl der liebesmagnetischen Energie beschützen, stärken und begleiten wir euch. Wir sind Aletia.

Aletia*

Die universelle Führerin der Mütter und Väter der Strahlenkinder, sowie für alle, die Veränderung und Neubeginn suchen

Mit ihren magnetischen Liebesenergien ist sie im Wassermannzeitalter die perfekte Ansprechpartnerin und Dienerin für eingreifende, Lebens verändernde Hilfsmassnahmen. Ihr Heil- und Kraftspendender Farbstrahl ist ein kräftig leuchtendes Gold-Magenta. Sie brachte uns die magnetische Liebesenergie in unser Universum. Die Kombination dieser Energien hat in sich eine einzigartige Schwingungsfrequenz, welche die Lecke auf allen Körperebenen auffüllen, erneuern und regenerieren können. Ein spezielles Heilverfahren eines Liebes Energie Transfers wurde vor Jahren dem Kanal Frank Alper sel. durchgegeben. Es ist eine tief greifende Behandlung, die den Menschen hilft an den Kern ihrer Blockaden zu kommen. Auf allen Ebenen kann sie Prozesse auslösen, in denen ungeheure Erkennungs- und Umwandlungskräfte liegen. Es liegt ein immenses Potenzial für Befreiungen von uralten, hemmenden und verklemmenden Blockierungen, sowie die Entscheidungsfähigkeit für das eigene Leben darin. Diese liebesmagnetische Energie kann die Denkweisen der Menschen neu ausrichten, sie anregen, ein neues Verständnis sich und dem Leben gegenüber zu entwickeln. Zudem klärt und löst sie die Nebenwirkungen nach Chemo- und Strahlentherapie und langjährige Psychopharmaka usw.

Entscheiden, trennen wir dieses Wort in Ent-Scheiden sehen wir darin Trennung, Abschied, Loslösung. Damit ganzheitliche Heilung geschehen kann und darf, braucht es die bewusste, persönlich getroffene Entscheidung, durch dieses Tor zu gehen. Man könnte es vergleichen mit einer mühsamen, Kräfte zehrenden Bergtour, die dann nach grösster Anstrengung belohnt wird mit einer atemberaubenden, einzigartigen Aussicht, mit Aletia als Führerin auf der Abenteuerreise in unser inneres Universum. Ihre magnetische Liebe und Unterstützung ist allen Menschen zugänglich, die in sich den Wunsch und die Sehnsucht verspüren, dass sie Wohnsitz in ihnen nimmt. Ganz besonders aber schützt, begleitet und unterstützt sie mit ihrem Farbstrahl die Mütter und Väter der neuen Kinder.

Als Erwachsene und vor allem als Eltern, zumindest sollte es so sein, haben wir die Aufgabe eines Vorbildes. Idole werden geliebt, bewundert und nachgeahmt. Somit tragen wir eine grosse Verantwortung. Indem wir für unser TUN und LASSEN in jeder Situation unseres Lebens die Verantwortung übernehmen, lernen wir unsere Kinder und natürlich auch unser Umfeld, die volle Eigenverantwortung für ihr TUN und LASSEN zu übernehmen. Wir können ihnen aufzeigen, dass wir jeden neuen Tag unzählige Möglichkeiten haben, etwas zu tun oder zu lassen. Für jede Entscheidung haben wir meistens zwei Wahlmöglichkeiten.

Die Kinder, die Jugendlichen, die jungen Erwachsenen des neuen Zeitalters, sie sind die Pioniere des Lichtes und sie suchen sehr oft mit aller Vehemenz die Erfahrungen in der Polarität. Gerade hier kann mit der Aufklärung, mit der Übergabe der Eigenverantwortung für ihr Denken und Handeln, nicht früh genug begonnen werden. In wohlwollenden, doch alle Konsequenzen aufzeigenden Gespräche, können mit der Zeit Gewinner, Sieger heranwachsen. Jeder Sieg über sich selber ist ein Mutcocktail oder eine aufbauende Dopingspritze für weitere entscheidende Fortschritte auf dem Weg der Selbstentfaltung. Vergessen wir nicht, dass wir alle in der Schule des Lebens Lernende, Erkenntnisse sammelnde und uns entwickelnde Menschen sind, die Fehler machen dürfen und sollen. Schade und geradezu fahrlässig für die vergeudete, kostbare Zeit unseres Lebens, unseres einzigen Lebens, ist es nur dann, wenn es uns nicht gelingt aus den gemachten Erfahrungen unsere Lehre zu ziehen und wir immer wieder in die gleichen oder ähnlichen Fallen stolpern. Auch in diesen Bereichen liebt es Aletia uns hilfreich zur Seite zu stehen. In ihren Energien liegen die Kräfte der Entschlossenheit und des Neubeginns. Die Kraft für eine lebendige Veränderung liegt darin, das Licht der Ganzheit aus der Sicht der Ganzheit zu betrachten. Hier können Frustrationen in Faszinationen verwandelt werden.

Je mehr Menschen von ihrem Leben, ihrem Seelenplan bezaubert sind, desto schneller wird unser Planet zu einem Faszinationsplaneten und dadurch zu einem Liebesplaneten. Unsere Seele wünscht sich nicht ein Dasein in Ängsten, Schmerzen, Trauer und Verschlossenheit, die letztendlich allesamt zu Krankheiten und Seelenqualen führen. Nein, sie wünscht sich eine Existenz in der Leichtigkeit, in der Heiterkeit, in der Offenheit und in der Herzensverbundenheit. Kluge Erdreisende werden in ihrem Innern allzeit wissen, dass Siege wie Niederlagen, Begeisterung wie Mutlosigkeit, Freude wie Trauer, Licht wie Schatten, zusammengehören und Teile des gesamten Lebensbildes sind und bleiben.

Die Energien von Aletia sind energetisierende, transformierende, magnetische Liebesfreuden-Schwingungen. Sie liebt es mit ihren Energien durch unseren Körper zu pulsieren und ihn von Altlasten, die jetzt nicht mehr dienen, zu befreien. Unser Körper, unser Geist, alle unsere Zellen werden von alten Programmierungen gereinigt. Mit unserer Bereitschaft für Veränderung schaltet sie unsere Denkzentrale, unsere Glaubenssätze um, auf die Energiefrequenzen des Christusbewusstseins. Die Seele wohnt nun in einem Freudenhaus, in dem Humor und Spass ständige Gäste sein dürfen und wo die täglichen Stolpersteine mit einem herzlichen Lachen begrüsst und sofort für den Bau der Entwicklungsleiter eingesetzt werden. So wird in Zukunft ein Freuden- und Freiheitsleben auf einem Faszinationsplaneten möglich.

Im Humor und im Lachen finden wir eine Partnerbeziehung die uns beisteht, den negativen, nieder ziehenden Spiralentanz in einen positiven, aufbauenden und befreienden Freudenspiralentanz umzuwandeln. Ein freundliches Lächeln ist der Schlüssel in die Herzen der Menschen aller Hautfarben und aller Rassen. Ein herzhaftes Lachen befreit und löst Verspannungen aller Art, ist sozusagen ein Gesundungsbrunnen. Geben wir uns doch wieder vermehrt Mühe die Muskeln zum Lächeln und Lachen zu trainieren.

Auf die Dauer der Zeit, nimmt die Seele die Farben Deiner Gedanken an!

Marc Aurel

Hier ein paar Fragen, die in aller Liebe zum Nachdenken anregen möchten. In was für Gedankenmustern bewegst du dich im Alltag? Betrachte nur ein paar Tage lang wie ein Aussenstehender deine Denkarten. Was sind deine ersten Gedanken beim Aufwachen? Wie startest du in den neuen Tag? Was bewegt dich auf dem Weg zur Arbeit? Welche Macht erkennst du in den Medieneinflüssen? Wie reagiert dein Körper unter dem Einfluss negativer Energien. Nimmst du sie wahr? Gelingt es dir deine Arbeit mit Begeisterung zu erledigen oder ist es nur mühevolle Pflichterfüllung? (Sonnenklar, dass wir nicht alles gerne machen, doch mit einer guten inneren Einstellung wird es um einiges leichter). Mit was für Gedanken und Vorurteilen begegnest du deinen Mitmenschen? Siehst du in jeder negativen Erfahrung nur eine Bestätigung, ein armer, bedauernswerter Ausgelieferter, verurteilt zu einem Leben als ständiger Verlierer zu sein, was alles andere als gesund, erfüllt und heiter ist? Mit was für Gedanken verabschiedest du den Tag, bettest dich hin, um deinem Körper, deinem Geist und deiner Seele die lebenswichtige Erholung zu schenken?

Bitte glaube mir, es liegt mir absolut fern, hier Moralapostel zu spielen. Aus eigenen, schmerzlichen Erfahrungen, kenne ich ein Leben, das von Glaubenssätzen, negativ besetzten Gedankenmustern in das Dilemma einer zerstörerischen Opferhaltung führen kann. Dem Himmel und der Erde sei Dank, heute besteht mein Leben überwiegend aus Freude, Frieden und Freiheit. Negative wie positive Gedanken entwickeln eine dynamische Kraft. Auf welcher Seite wir sie einsetzen wollen, liegt in unseren Händen. Mein Ziel, meine Vision, ist einzig und allein, etwas beizutragen, dass du, du oder du, den Weg in ein freies, friedliches und freudvolles Leben findest. Wenn diese Worte nur einem Menschen geholfen haben, den Frieden, die Freude und die Freiheit zu finden, hat es sich gelohnt.

Auf die Dauer der Zeit nimmt die Seele die Farben Deiner Gedanken an!

In was für Farben darf deine Seele leuchten?

Du, nur du allein hast den Farbpinsel für deine Seele, für dein Leben in der Hand!

In deiner Entschlossenheit, in deiner Eigenständigkeit, in deiner ganz persönlichen Willenskraft liegt das Farbenspektrum eines einzigartigen, alles überstrahlenden Regenbogenlichtes.

Wage einen Neubeginn, eine neue Auferstehung, ein Durchstarten in ein faszinierendes, Grenzen überschreitendes Lebensfreudenwerk!

Von Herzen wünsche ich dir die Kraft deiner Seele und die unterstützenden Energien von Aletia, um deine und die Wünsche und Visionen deiner Seele im Leben zu verwirklichen!

* Aletia: Sprich Deutsch Alezia oder Englisch Aleischa

Symbole

Symbole haben eine nachhaltige Kraft. Bewusst oder unbewusst spüren wir die Faszination die davon ausgeht. In unserem physischen Körper, wie auch in den Energiekörpern um uns geschieht etwas. Unsere Hirnströme reagieren darauf und sofort werden die dazu passenden Hormone ausgeschüttet. Es ist wie eine Verschmelzung von Symbol, Geist, Willenskraft und Mensch. Stimmen wir uns bewusst darauf ein, wirkt das Erlebte auf allen Ebenen in einem verstärkten Mass.

Die Symbole der 9 Strahlen haben ein gewaltiges Energiepotenzial. Die Erfahrung und die Nutzung dieser Kraftsymbole sind für die Strahlenkinder, sowie für all jene die den Wunsch verspüren, sich darauf einzulassen. Es ist vergleichbar mit dem Fluss, der durch einen Wasserfall noch mehr Energie gewinnt auf dem Weg zum Meer, seinem angestrebten Ziel.

Ist nun in dir ein Wunschgedanke entstanden, dich mit der Kraft dieser Symbole zu verbinden, sie zu erleben, sie in dich zu integrieren, so empfehle ich dir folgenden Vorgang:

- Nimm dir in Ruhe Zeit und Raum

- Atme ein paar Mal deinen Atem des Lebens langsam tief ein und aus

- Betrachte das Symbol zwei, drei Minuten

- Ziehe es dann über dein visuelles Auge in dein Herzchakra

- Wende nun den Blick nach innen und fühle wie eine innere Vision des Bildes erscheint, wie eine Dynamik entsteht, sich im Körper ausweitet und entfaltet

Es wird stets das geschehen, was geschehen darf und soll. Solltest du nichts fühlen, heisst dies nicht, dass du etwas falsch machst. Es gibt auch hier kein richtig oder falsch. Bitte mache dir keinen unnötigen Druck. Manchmal braucht es nur mehr Übung oder die Erlaubnis einfach entspannt und zutraulich etwas geschehen zu lassen.

Jedes dieser Symbole, mit den dazugehörenden Seelenkollektiven und Schöpfergottenergien ist dazu da, unser Leben zu bereichern, uns eine innige, bedingungslose Liebe empfinden zu lassen, den heilenden Farbstrahl durch uns pulsieren zu lassen und in uns den Seelenwunschgedanken zu nähren.

Von jedem spirituellen Führer / Führerin, habe ich ein Channeling* erhalten. Durch eine Einstimmung in die Symbole vor dem Lesen, entsteht ein tieferes Gefühl für die Worte und eine stärker verbundene Energie Erfahrung.

* Channel heisst Kanal, Channeln bedeutet in Worte umgewandelte Energien oder Informationsübertragungen von Seelen oder Kollektiven aus anderen Existenzen

Die neun verschiedenen Strahlen

Warum die Bezeichnung "Strahlenkinder"?

In unserer Wortsprache haben wir die Möglichkeit alles und jedes mit einem Namen zu bezeichnen. Die neuen Kinder, die in sich das Geschenk von neuer Hoffnung, erneuerbaren versunkenen Idealen, froh stimmenden Zukunftsperspektiven und die alles verwandelnde Kraft in sich tragen, haben unterschiedliche Namen. Wir hören von Indigokindern, von Kristallkindern, von Sternenkindern oder eben von Strahlenkindern. Strahlenkinder sind nicht etwa verstrahlt, wie mich eine besorgte Mutter fragte, nein, wie jeder Mensch die Dinge anders beschreibt, seinen Empfindungen in differenzierter Weise Ausdruck verleiht, sind auch hier die verschiedenen Namensgebungen eine Ausdrucksform, für im Grunde genommen dieselben Ziele, die angestrebt werden.

Frank Adamis Alper hat im Laufe der Jahre neun, in ihrer Wesensart und Aufgabe, verschiedene Strahlen gechannelt. Es sind Menschen, die nach einem besonderen Seelenplan ihre Lebensreise antreten. Als Brückenbauer, als Verbindungsglieder sind sie da oder kommen noch, um der Menschheit zu dienen. Ihr Dienst besteht darin, die eigenen inneren Kräfte, die eigenen Stärken, die eigene authentische Einmaligkeit zu entdecken und zu leben. Sie möchten uns den Weg zur Quelle, zum Ursprung allen Seins, zu Gott oder wie sie die höhere Macht benennen wollen, zeigen. Es geht um die Zuwendung, um die Wertschätzung und die Entfaltung des eigenen, sehr oft brach liegenden Potenzials. Jeder Mensch hat ein Anrecht auf ein Leben in Liebe, in Glauben und Vertrauen, in Wahrheit und Ehrlichkeit. Jeder trägt in sich diese Kraft der

Veränderung. Wir müssen nur lernen uns von den Ketten zu befreien und in Fluss zu kommen.

Diese jungen Menschen sind in ihrer Klarheit und Offenheit für viele Mitmenschen eine echte Herausforderung. Zeigen sie doch unmissverständlich ihrer Umgebung, unserer Gesellschaft, das Spiegelbild. Sie drängen uns, uns mit uns selber zu befassen, unser eigens kreiertes Leben anzuschauen und mit Mut und Tatkraft eine Veränderung anzustreben. Sie sind uns wahre Lehrmeister, halten uns den Spiegel vor, denn alles was uns im Aussen missfällt, klingt im Inneren etwas an. Diese Worte mögen hart erscheinen, doch wie heisst es so schön: "Was du nicht willst, das man dir tut, das füg' auch keinem anderen zu."

Wenn wir die Verantwortung für unsere Empfindungen und Erfahrungen mit anderen übernehmen, erkennen wir in der Regel, dass das was uns die anderen antun, oder eben spiegeln, genau im Zusammenhang steht, mit dem was wir uns selber oder anderen antun. Lassen wir uns nicht abschrecken, nein im Gegenteil, schauen wir mutig und vertrauensvoll dem Spiegelbild in die Augen, nehmen die Herausforderungen wahr und öffnen uns für kleinere und grössere Wunder der Veränderung. Wie jeder Mensch, gehen auch die Strahlenkinder ihren ganz persönlichen Weg der Entwicklung durch. Sie gehen durch die Schule des Lebens wie alle, lernen Höhen und Tiefen kennen, wachsen und reifen durch Fehler, durch Erfahrungen und Erkenntnisse. Trotz ihrer Klarheit sind diese Kinder und jungen Menschen auf die Akzeptanz ihrer Eltern, sowie des Umfeldes, stark angewiesen.

Die Tatsache, dass man nach wie vor die jungen Menschen in ein veraltetes gesellschaftliches Schema, sprich Anpassung, pressen will und tut, zeugt vom noch mangelnden Verständnis. Ansätze zur Förderung individueller Fähigkeiten, ihre schöpferische Kreativität hervorzuheben, anzuerkennen und ausdrücken zu lassen, wird in neuen/alten Schulen (Rudolf Steiner usw.) erkennbar. Ich wünsche mir, dass in den Herzen und in den Köpfen der Regierungen die Einsicht und Weitsicht einkehren darf, damit ein Umdenken stattfinden kann, so dass sie in weiser Voraussicht die nötige materielle Beihilfe aussprechen und zusichern können. Nur in diesem Rahmen kann sich unser Weltbild netzartig und flächendeckend verändern. Unsere zukünftigen Führungspersönlichkeiten werden zum Segen werden.

Wie alle Menschen, müssen auch die Strahlenkinder auf allen Ebenen der Emotionen durch das Wellental des Lebens segeln. So brauchen sie unterstützende Wegbegleiter. Wie viel Wind sie in ihre Lebenssegel bekommen, wie schnell sie, und das bezieht sich auf alle Kinder dieser Erde, die Richtung ihres ureigensten Weges einschlagen können, liegt in der Verantwortung von uns allen. Nehmen wir jedes Kind, jeden Mitmenschen als leuchtenden Seelenstern im Universum wahr, wird die Welt im wahrsten Sinne des Wortes zu leuchten beginnen. In der Lösung dieser Aufgabe wird unser Planet von den destruktiven Kräften befreit werden und der Fluss der Fülle auf allen Ebenen kann wieder für alle zum fliessen kommen.

Warum nennen wir sie Strahlenkinder? Mit unterschiedlichen Lebensaufgaben beauftragt, gesegnet mit besonderen, ihren Aufgaben entsprechenden Begabungen, bekamen die Seelen dieser bewussten Kinder bei der Zeugung die unterstützende Begleitung eines geistigen Beraters, einer geistigen Beraterin, eine Farbbestrahlung, sowie ein Kraft und Schutz spendendes Symbol. Wir alle kennen die mannigfachen Sinneseindrücke, welche Farben, Symbole und Klänge in und um uns auslösen können. Alles was wir im Aussen betrachten, findet in unserem Inneren eine Resonanz. Die Heil- und Stärkungskraft der Farben gehört für viele Menschen zum Unterstützungssystem für körperlich-geistiges Wohlbefinden.

So erhielten die Seelen also als Stärkung für ihre Aufgaben eine Strahleninfusion ihres jeweiligen geistigen Führers oder ihrer Führerin. Diese vom Schöpfergott geplante Kraft ermutigt sie, ihren Weg der Wahrheit zu gehen. In der Verbindung dieser Farbstrahlen und Symbole erfahren sie die bedingungslose Annahme, das Absolut in der Liebe und Geborgenheit.

Zum jetzigen Zeitpunkt kennen wir folgende Strahlen:

Strahl-Farbe	Führer/in	Eigenschaften	Verbindung
Silber-Blau	Ishmael	Irdischer Ausdruck von Liebes-Gnade	
Indigo	Kryon	Magnetische Integration und Ausdehnung magnetischer Wissenschaft	
Rosa-Grün	Newahjak	Zielgerichtete Heilung und Ausgleichung	Natur/Erde
Rost	Jesus & Maria	Magnetischer Fluss von Polaritäts-Balance	Raumkommandos
Gold	Pythagoras	Polarität der Wissenschaft Mathematische Wissenschaften	
Orange	Carl Jung	Integration von Körper und Mind Psychologie	
Pastell-Pink	Laurita	Seelennahrung und Schutz	Engel
Zartes Gold	Lady Nadja	Wiederherstellen von Spirit in Einheit und Balance	Gnome, Feen, Elfen
Regenbogen	Ivanor	Assimilation in universelle Einheit	Alle Strahlen

Ishmael

Silber-Blau das Mondeslicht
Sternenglanz im Angesicht
Ruhe finden
Sehnsucht wecken
Frieden und Gelassenheit entdecken
Im Silber-Blauen Liebesstrahl
Visionen kreieren
Liebe verspüren
Leuchtkraft allüberall

Channeling von Ishmael

Wir sind die Energien Ishmael. Licht, Liebe und Freude spendenden Segen über euch und mit euch.

Es ist uns eine Freude, eine Ehre unsere Worte direkt in eure Herzen fliessen zu lassen. Ja, das wichtige Zeitalter des Umbruchs und des Aufbruchs in eine allumfassende Veränderung ist in vollem Gange. Allerorts könnt ihr erkennen, wie die destruktiven Kräfte am Werk sind, wie Macht, Gier und Kontrolle, Freiheitsberaubung und massiv geschürte Ängste Psychosen auslösen, die Menschen schütteln, verzweifeln und krank, seelisch-körperlich krank werden lassen.

Die Geschichte, die Weltgeschichte zeigt euch auf, dass dies von Zeit zu Zeit so sein, so geschehen muss. Es braucht diese Erfahrungen, es ist wie ein Anschauungsunterricht, damit ihr erkennen dürft, wie gewaltig, wie schnell und wie umwälzend die Energien arbeiten, sei es nun auf der einen oder anderen Seite der Polarität. Denkt daran, dass nur diese erlebten Erfahrungen und Wahrnehmungen euch den Weg aufzeigen können und in euch die Wertschätzung der Liebesfreude, der Freudenliebe, der Freiheitsliebe, der Liebesgnade und der Gnadenliebe bewusst machen können.

Es braucht die Polaritäten von Licht und Dunkelheit, von Liebe und Hass, von Freude und Traurigkeit, von Aufopferung und Wahrheit, von Erfolg und Versagen, um die Energien, die darin enthalten sind, wahrzunehmen, aufzunehmen und in allen Facetten zu sehen und zu spüren. Nur in dieser Form des Erlebnisses liegt das Potenzial für eine nachhaltige Veränderung, für die Bereitschaft eines Umdenkens.

Ihr, die ihr euch bereit erklärt habt durch diese Lebensprozesse durchzugehen, sie am eigenen Leibe zu erleben, den oft brutalen Schmerz der tiefen körperlich-seelischen Wunden zu durchleiden, euch gilt unser innigster Dank. Der Lohn eurer Arbeit ist die Bewusstseinsentwicklung, die Auferstehung, wie der Phönix aus der Asche. Ihr seid Vorreiter für andere, beispielhaft und mit einem erstrebenswerten Ziel vor Augen. Ihr seid die Pioniere für ein neues Auferstehungsfest. Dass dieser Tag, diese Zeit kommen wird, wo neue Geschichte geschrieben, neue Geschichte gelebt werden kann, das ist absolute Gewissheit. So stark verankert wie die Tatsache, dass mit dem Aufstieg, mit der Erhöhung der Schwingungsfrequenz von Lady Gaia, das ur- uralte Wissen von Atlantis und Lemurien, das bereits neu am aufblühen ist, mit schnelleren Schritten und weltumspannend wachsen und gedeihen kann.

Klarheit und Reinheit wird wieder entstehen. Klarheit in der Wahrnehmung, Klarheit im Bewusstsein, Klarheit in den Zielen, Klarheit im Sinne von einem bewusst gelebten Seele-Körper-Mensch Dasein. Eine Annäherung an den Urzustand der Schöpfungsgeschichte wird wieder möglich sein. Die Energien, das Wissen und die Reinheit vom ursprünglichen Atlantis und Lemurien sind in euch allen angelegt.

Im Laufe der Zeit haben sich in vielen eurer Zeitgenossen die Kanäle zur DNA Struktur verändert. Grenzgänger haben sich eingenistet und nach und nach auf eine ganz subtile, lange kaum wahrnehmbare Art und Weise eine Nestverschmutzung kreiert. So nehmt ihr ein zunehmendes Mass an kollabierend arbeitenden Kräften im globalen Netz der Wirtschaft, der Achtung und dem Respekt von Leben und Natur wahr.

Wir bitten euch überseht nicht die wachsende Zahl an Menschen, deren Bewusstsein kontinuierlich steigt. Und erst die neuen Kinder, sie die euch die bahnbrechende alles durchdringende Kraft für einen Neubeginn, für neue Hoffnung bringen. Sie die Boten, die Lichtträger, die Durch- und Aufbrecher verhärteter, verkrusteter Strukturen, sie kommen im richtigen Moment. Sie sind das kostbarste Geschenk, die wertvollsten, klarsten und brillantesten Diamanten, die der Schöpfer eurem Planeten je zukommen liess.

Der blaue Planet ist aus dem entstandenen Ungleichgewicht in eine gefährliche Notlage geraten. Diese Seelen sind gekommen um ihn zu retten, ihn erneut auf die richtige Bahn zu lenken. Im Wissen, dass in ferner Zukunft ein neues Paradies entstehen kann, entstehen darf, sollen sich eure Körper, alle eure Sinne auf körperlich-seelisch-emotional- und mentaler Ebene mit Hoffnung, mit Glauben und Vertrauen auffüllen, erneuern, durchflutet werden. Bitte tragt diese froh machende, Freude und Segen tragende Nachricht hinaus in die Herzen, in die Kernenergie der Menschen. Seid Verkünder, Brücken schlagende und Heilung bringende Miterdenbürger. So wird jeder Einzelne zu einem Heiligen Gral, der sich in euch, durch euch und um euch herum entfalten und Gnade verströmen kann. So sei es! So ist es!

Spiritueller Führer: Ishmael

Farbstrahl: Silber-Blau

Vorkommen: 51%

Eigenschaften: Irdischer Ausdruck von Liebes-Gnade

Kennt ihr den Blick in einen klaren, spiegelnden Bergsee, frühmorgens bei Sonnenaufgang? Die Gefühle die dabei entstehen sind zutiefst berührend, lösen in uns Ehrfurcht und Dankbarkeit für die Schöpfung aus. Genau so ist ein Blick in die klaren, tiefgründigen Augen der Silber-Blauen Kinder, den so genannten Liebeskindern. Ein Blick in ihre Seelenfenster ist ein Blick, durchflutet von Licht und Liebe. Die Gegenwart dieser Kinder lässt alles heller, wärmer und lichtvoller scheinen. Sie berühren, spiegeln, heilen. Im frühkindlichen Alter, ohne Kenntnis von Be-und Verurteilung, wirken ihre Augen wie Strahlenmagnete. Liebesmagnete in den Farben braun, blau, blau-grün und schwarz berühren, bezaubern, besänftigen in gleichem Masse wie sie auch klären, spiegeln und aufwühlen können. Mit ihrer Sanftheit und ihrer überaus grossen Liebesfähigkeit lenken und entfalten sie ihre immense Liebeskraft auf alles und jedes, ganz besonders aber auf die Menschen. So geraten sie unweigerlich unter einen starken Druck, denn wo immer etwas nicht im Gleichgewicht ist, wo Disharmonien zerstörerisch wirken, wo Menschen, Tiere, die Natur leiden, leiden sie mit. Dieses übergrosse Mitleiden, Mitfühlen macht ihnen das Leben nicht leicht. In ihrem grossen Helfer- und Heilungsdrang, ihrem ausgeprägten Gerechtigkeitssinn, es muss allen gut gehen, wollen sie es allen recht machen und manövrieren sich so in ein Gebilde von Schuldgefühlen und der daraus entstehenden Aufopferung. In ihrem Kampf für die Gerechtigkeit geraten sie sehr schnell in die Totalität von Verantwortungsübernahme. In ihrer Bewusstheit, dass alle Menschen Kinder Gottes sind, aus der einen Quelle, der Urquelle der Liebe entstammen, ist es ihnen unverständlich, dass die Welt nicht in Liebe und Toleranz erlebt und gelebt werden kann. Auf ihre Erdenreise wurde ihnen eine wunderbare, nachahmenswerte Grundhaltung mitgegeben: "Leben und leben lassen". Mit ihren feinsinnigen Schwingungen und glasklaren Wahrnehmungen brauchen sie unbedingt ein verständnisvolles, liebendes und unterstützendes Umfeld. Nur so können sie ihrer grossen Aufgabe, dem universellen Liebesausdruck auf allen Ebenen, in einem dreidimensionalen Körper gerecht werden, hineinwachsen und reifen. Hier braucht es die bewusste, verstehende Führung der Eltern und Wegbegleiter. Durch ihr bezeichnendes Harmonie- und Liebesbedürfnis geraten sie sehr schnell in die Gefahr einer Aufopferung. Sie müssen lernen, dass jeder Mensch sein Leben in Eigenverantwortung, mit einem persönlichen freien Willen angetreten hat. Ihr Dasein, ihre Bestimmung besteht darin, hier auf Planet Erde zu dienen und die neuen Energien der Liebe und Gnade zu verankern.

Mit ihrem unerschöpflichen Liebesenergiereservoir sind sie Pioniere, Führer auf dem Weg in eine bewusste Seele-Mensch-Herzensöffnung. Als Tür- und Toröffner gehen sie voran, ungeachtet der Reaktionen von Aussen. Ihnen ist eine beeindruckende Toleranz eigen. Je mehr sie in ihr Seelenbewusstsein wachsen, ihrer Seelenverbundenheit Ausdruck verleihen, umso intensiver wird die Ausstrahlungskraft ihrer inneren Liebesgnadensonne. Einer Liebesgnadesonne, die im Denken und Handeln zu einer Offenbarung führt, zur Offenbarung der eigenen Wahrheit und Klarheit, die sie unbeirrt, ehrlich und selbstbewusst in einer absoluten Integrität und Loyalität vorleben.

Mehr oder weniger sind sie sich ihrer Anziehungs- und Wirkungskraft, die schon im frühkindlichen Alter beginnt, bewusst. Wer fühlt sich nicht angezogen von ausgesandten Liebesschwingungen, von Sanftheit, von Herzenswärme und dem feinen Gespür für Gerechtigkeit. Ja, dieser ausgeprägte Gerechtigkeitssinn lässt sie mit zunehmendem Alter oftmals in offene Messer rennen. Redegewandt exponieren sie sich gerne, kämpfen in ehrlicher Offenheit, wollen Vermitteln und geraten an Menschen, die kein Verständnis für ihr Wohlwollen haben. Mit ihrer seelenstarken Leuchtkraft leuchten sie auch die Schattenseiten der Menschen aus und spiegeln ihnen ihre Unzulänglichkeiten vor. Sind die Eltern spirituell bewusst, kann hier eine wunderbare Basis für ehrliche, aufbauende, klärende Gespräche entstehen. Gespräche die den Kindern aufzeigen, dass niemand perfekt ist, nicht perfekt sein muss, dass auch die Handlungen und Entscheidungen ihrer Eltern nicht immer mit dem Ausgedrückten übereinstimmen. In solchen Situationen kann mühelos erklärt werden, dass Fehler, Fehlentscheidungen gemacht werden dürfen und müssen, denn daraus lernen alle Beteiligten. Gleichzeitig ist es wichtig ihnen aufzuzeigen wie bedeutsam gegenseitiger Respekt und die Bewahrung der Würde vor jedem Menschen und jedem Lebewesen ist. Sie möchten Verhärtetes aufweichen, Wut und Hass durch Liebe ersetzen, Kummer und Leiden in Freude verwandeln, kurz, oftmals Unmögliches möglich machen. So nehmen sie unharmonische Schwingungen noch vermehrt auf, werden von Verlust- und Trennungsängsten gequält und entwickeln Schuldgefühle. Die ausgesandte Liebeskraft wird nicht verstanden und zurück bleibt ein Menschenkind dessen Liebes-Urvertrauen arg ins Wanken gerät. Da ist ein verständnisvolles, liebendes Umfeld durch Eltern, Grosseltern oder Begleiter, die sie über die Gesetzmässigkeiten auf Planet Erde aufklären, von grosser Bedeutung. Hier herrschen die Gesetze der Polarität und um dies zu verstehen brauchen sie viel Geduld. Damit sie sich frei und ungezwungen entfalten können brauchen sie die Anerkennung, die Wahrnehmung ihres "Andersseins", das heisst die absolute Liebe und Akzeptanz ihres ganzen Wesens. Bitte bestärkt sie in ihrem TUN, in ihrem sehr oft noch unbewussten Heilen, sprecht ihnen Mut zu, diesen benötigen sie, um nicht in Frustration oder schlimmstenfalls in eine Depression zu fallen. Zeigt Ihnen auf, dass die Menschheit Zeit braucht für Veränderungen, dass jeder Einzelne unzählige Erfahrungen und Erkenntnisse machen muss, sie dann bewusst integrieren muss, um schlussendlich daraus Wachstum zu generieren. Tauscht mit ihnen eure Erfahrungen aus und bestärkt sie darin, ihren ganz persönlichen Lebens Erfahrungsweg mit Mut und Vertrauen, sowie mit einem zunehmenden Selbstbewusstsein zu machen. Macht sie darauf aufmerksam, dass jedes Ziel seinen langen Weg hat, Schritt für Schritt und dass es nur darauf ankommt dieses Ziel nie aus den Augen zu verlieren. Ebenfalls müssen sie wissen, dass die Dauer einer Wandlung nicht in ihrer Kompetenz liegt und dass es niemals ihre Schuld oder ihr Versagen ist.

Diese Kinder/Menschen schenken so viel Liebe, bitte schenken wir ihnen unsererseits die Liebesresonanz, die sie für ihr Leben, ihren Dienst so dringend brauchen. Sie glauben an das Gute im Menschen, bekräftigen wir sie darin, dass das Gute immer über das Böse siegen wird. Sie fühlen sich verstanden und glücklich in Begegnungen mit Seelenwesen derselben Schwingung. In dieser verschmelzenden Einheit werden Gespräche mit Gott und über Gott zu einem segensreichen, fruchtbaren Boden. Deshalb sind Austauschmöglichkeiten sehr wichtig. Wie in jeder Gruppe von Gleichgesinnten sind solche Begegnungen kraftvoll und segensreich.

Informierte Eltern, Grosseltern, Lehrer und Wegbegleiter, die ihre Erziehungsaufgaben von Liebe, Verständnis, Vertrauen und Unterstützung leiten lassen, die überall und jederzeit für sie einstehen und ihnen den Rücken stärken, sie sind ein unschätzbarer Segen, ein Geschenk für die Kinder/Menschen wie für den Planeten Erde. Die Ishmaelkinder finden ein erfülltes Tätigkeitsfeld im Dienste für andere Menschen. Überall da wo Menschen sich zusammen finden, wo Massen erreicht werden können, da haben sie ihren Platz und können ihre Liebesheilschwingungen wirken lassen. z.B. als Lehrer, Heiler, Therapeuten usw. Wie sagte der Fuchs zum kleinen Prinzen: "Man sieht nur mit dem Herzen gut, das Wesentliche ist für die Augen unsichtbar". Dieser Leitgedanke ist die Motivation und Inspiration der silber-blauen Liebeskinder.

Mit 51% haben sie den grössten Anteil der Strahlenkinder. 51% deshalb, weil es die Mehrheit braucht um die Polarität von Liebe und Gleichgewicht im Wassermannzeitalter zu durchbrechen. Diese Seelen und bewussten Kinder/Menschen sind hier um die Energieschwingungen der Liebe zu allem was IST, zu erhöhen, mit dem einen höchsten Ziel, wieder Balance auf die Erde zu bringen. Alle diese Seelen kommen ursprünglich aus der Familie des universellen Lichtes von Adamis.

Ishmael, eine Schöpfergottseele von höchsten Liebesenergien, ist der Hüter des silber-blauen Strahls. Ihm wurde die Aufgabe übertragen, universeller Führer und Wacher für diese Kinder/Menschen zu werden. Er hüllt sie in einen silber-blauen Schutzmantel ein. Beginnt dann das bewusste Erwachen dieser Kinder/Menschen und sie treffen auf Mitmenschen, die sie in ihrem innersten Wissen bestätigen, ihr "Anderssein" vollauf verstehen, beginnt das grosse Begreifen und daraus entsteht ein lernen und lehren. Werden sie mit diesen Energiefrequenzen bewusst verbunden, finden sie eine wunderbare Resonanz, ein überwältigendes Gefühl von einem nach Hause finden. Die Energien von Ishmael bestärken sie auf allen Ebenen. Sie sind Führer, Freunde, Lehrer, Beschützer und Begleiter.

Silber bedeutet Schutz, Reinigung und ist verknüpft mit Stille, Kühle, Höflichkeit und der mächtigen Mondkraft. Die erste Assoziation die wir mit der Farbe Blau machen, ist die Unendlichkeit, die Weite eines klaren, wolkenlosen Himmels oder der Weltmeere. Das Himmelsdach, das Schutz und Geborgenheit vermittelt, das Blau das Ruhe und Gelassenheit ausstrahlt, in uns aber auch Sehnsucht und Rückzug zum Ich weckt. In diesem silber-blauen Strahl, der in sich auch das Weibliche und das Männliche vereint, liegt ebenfalls die Kommunikationskraft und Macht, sowie der Glaube Visionen umzusetzen und Wunder geschehen zu lassen. Eine Macht die nur im guten, lichtvollen wirkt und bestens in das Gefüge des Grossen Ganzen passt.

Kryon
Indigo

Aus Grün und Blau
Fliesst der Indigostrahl
Bewusstsein im Fluss
Bringt Neugier in Schuss
Wach im Geiste
Klar im Ausdruck
Magnetisches Licht
Ist Zukunftsverdikt

Channeling von Kryon

Wir sind die Energien Kryon. Kryon vom magnetischen Dienst, für das magnetische Zeitalter, im Zeichen des Wassermannes. Gross ist unsere Freude zu sehen, wahrzunehmen wie viel Bereitschaft, wachsende Bereitwilligkeit da ist, die Bedürfnisse der Kinder im Allgemeinen und ganz besonders unserer Kinder ernst zu nehmen, sie mit einer liebevollen, doch festen Hand zu begleiten. Sie alle brauchen eine starke, unbeirrbare Führungshand.

Führen, zielgerichtet Führen, ohne im Wirrwahr der Zeit die Orientierung zu verlieren, kann nur der, der seinem Ziel, seinem persönlichen Weg der Wahrheit schon nahe gekommen ist oder ihn bereits gefunden hat. Klarheit im Denken und Klarheit im Handeln erzeugen Klarheit in die Kraft der Umsetzung und bringen die Resultate auf die Realitätsebenen.

Viele Erdenbürger haben den Bezug zur Realität, die Verbindung zu ihrer Seele verloren. Die grosse, innere Kraft, die in jedem Geschöpf wohnt, das prachtvolle Feuer, dieses Seelenkernfeuer brennt nicht mehr oder nur noch zaghaft. Damit es nicht ganz verlöscht, ist Nahrung, gute, aufbauende Seelenfeuernahrung von uneingeschränkter Dringlichkeit, von grosser Wichtigkeit. Kräftigende, das Seelenfeuer neu entfachende Nahrung, sucht bitte nicht irgendwo im Aussen. Nein, diese Nahrung liegt ganz nahe, bereit in Empfang zu nehmen. Sie liegt in euch drin, angelegt in eurem Seelenkern, nur darauf wartend, wieder in den Menuplan aufgenommen und integriert zu werden.

Ernährungsberater, Seelenfeuerernährungsberater könnte man die Menschen bezeichnen, in deren Bewusstheit das Seelenfeuer brennt, lichterloh brennt, damit es gesehen und bemerkt wird. Diese Seelenfeuer sind Zündstoff für die Entfachung, die Ausbreitung einer internationalen Seelenfeuer Feuersbrunst. Was für ein Bild! Ein Flammenmeer in dem die Kraft, die unermessliche Kraft der Wandlung und Erneuerung liegt. Stellt euch bildhaft die positive Lebenskraft eines Flammeninfernos vor. Es ist in der Tat so, dass aus dieser Sicht Feuer nicht zerstörerisch wirkt, sondern im wahrsten Sinne die Energien der Entwicklung in einen Neubeginn in sich trägt. Wandlung, Wende, kraftvolle Worte in denen kraftvolle Resultate verborgen liegen.

Wandelt - verwandelt in erster Linie euch selbst. Jeder Einzelne fange mit der Wandlungs- Verwandlungsarbeit bei sich an. Hier liegt der springende Punkt, der Funkenübertragende Kern. Findet wieder zum Glauben an euch zurück, nehmt den Thronsitz in euch wieder wahr. Setzt euch mit einer Selbstverständlichkeit darauf, so als sei dies das natürlichste in und für euer Dasein, denn das ist des Schöpfers und eurer Seele Wunsch. Eine bedingungslose Annahme der ureigenen Kraft, Regie führend im ganz persönlichen, authentischen Film des Lebens. Hier liegt die Essenz, die Wirkungsfähigkeit für einen Neubeginn, für ein neues Ticket auf eurer Lebensreise.

Neu beginnen heisst zurück zum Start mit einem klaren Ziel vor Augen. Zurück zur Quelle, zurück zum Kern, zurück zur Betrachtung, zur Entdeckung und zur Entfaltung der eigenen Persönlichkeit. Nach Hause zur Schatztruhe, die randvoll ist mit wertvollen, einzigartigen Juwelen. Ihr braucht sie nur aufzumachen, euch damit zu schmücken, euer aussergewöhnliches Licht erstrahlen zu lassen, *den universellen Tanz auf den Farben des Regenbogens zu tanzen.*

Jeder, jede Einzelne von euch ist gesegnet, erfüllt von Begabungen, die nur in ihm, nur in ihr gepflanzt, angelegt wurden. Alles genau nach einem schöpferischen Plan entworfen. Eure Aufgabe, eure Arbeit ist es, diese gutzuheissen und den ihnen gebührenden tiefen Dank auszusprechen. Zusätzlich in einer bewusst getroffenen Entscheidung diesem unsterblichen Samen, der da gepflanzt wurde, die Aufmerksamkeit zu schenken, die er verdient.

Es ist die Akzeptanz, die freudige Annahme des kostbarsten Geschenkes, das euch am Lebensbeginn in die Wiege gelegt wurde. Die bedingungslose Annahme eures Selbst. Dieses Höhere Selbst, dieser Samen der Liebe in euch muss gehegt und gepflegt werden. Wie ein zartes Pflänzchen, das nur durch den nie versiegenden Fluss von Herzenswärme und Geduld wachsen und sich entfalten kann.

Verliert nicht den Mut in Zeiten der Zweifel, der Verzweiflung, in Lebensabschnitten in denen schmerzhafte Erkenntnisse und Lernprozesse den Anschein in euch wecken, nicht voranzukommen, an Ort zu treten. Je tiefer ihr an die Wurzel geratet, desto grösser ist die Heilkraft, desto mächtiger der Antrieb, die Schubkraft für die Erreichung einer neuen Ebene. Wer das Dunkle, das Schwere nicht erlebt, durchlitten hat, dem fehlt die Wertschätzung für das Lichtvolle, für die Blume des Bewusstseins.

Sucht und findet euer Licht, lasst es erstrahlen und schenkt dadurch den Mitmenschen die Chance, ihrerseits ihr Licht zum funkeln zu bringen. Werdet durch euer

Vorbild zu wegweisenden Leuchttürmen. Mit diesem beeindruckenden und ein Glücksgefühl auslösenden Bild, von unzähligen Leuchttürmen, verteilt auf dem ganzen Planeten Erde, verabschieden wir uns. Wir sind Kryon, unseren Segen!

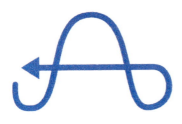

Spiritueller Führer: Kryon

Farbstrahl: Indigo

Vorkommen: 17%

Eigenschaften: Magnetische Integration und Ausdehnung magnetischer Wissenschaften

Nach dem Fischezeitalter, das der Vorbereitung diente, befinden wir uns jetzt im Wassermannzeitalter, das auch das magnetische Zeitalter genannt wird. Die Meister Kryon und Aletia wurden durch Adamis in unser Universum gebracht. In den Energien von Aletia erhielten wir eine revolutionierende Heilfrequenz von magnetischer Liebesenergie. Diese neue Energie hat in sich die Macht für eine globale Weiterentwicklung der Seelenheilkraft und damit einer starken Erhöhung der Erdschwingung. Grosse Veränderungen bahnen sich an und sind im Schöpfungsplan eingetragen. Vielfältig und unschätzbar sind die magnetischen Energien von Meister Kryon. Ermöglichen sie uns doch die Wiederentdeckung der magnetischen Kraft und dadurch den Einsatz dieser Energie für Heilungen aller Art. Eine wachsende Zahl von Menschen hat schon von Kryon gehört, hat durch seine wunderbaren Botschaften Kraft geschöpft und seine Mutmachenden Worte, den Weg in die Selbstmeisterschaft zu gehen, in sich aufgenommen. Diese immense magnetische Kraft integriert und dehnt sich in und auf der Erde immer mehr aus. Das Verständnis und die Auswirkung von Magnetenergie auf der Erde, in der Erde und im Körper der Menschen mussten geweckt, das heisst langsam den Weg in das Bewusstsein der Menschen finden. So waren die Indigokinder mit ihren aussergewöhnlich hohen Magnetschwingungen die Pioniere ersten Ranges. Magnetenergie bewegt, so sind und waren diese Kinder eine grosse Herausforderung für unsere Gesellschaft. Sie verändern mit ihren hohen magnetischen Schwingungen in kurzer Zeit ihr Umfeld und dies meistens in einer recht massiven Art und Weise. Der Wissenschaft ist die Magnetenergie vertraut, doch wenn es in Zusammenhang mit unserem Denkvermögen, mit der uns geschenkten Gehirnkapazität gebracht wird, liegt die Entwicklung noch in den Kinderschuhen. Die übergrosse Mindkraft, der scharfe analytische Verstand der Indigokinder fliesst direkt aus der Quelle, aus der Seele. Sie wollen uns einerseits aufzeigen wie viele noch brachliegende Möglichkeiten in uns schlummern und andererseits wie zerstörerisch eine ausser Kontrolle geratene Magnetenergie wirken kann. Lenken wir unsere Gedankenkraft auf eine positive Veränderung. In der Vereinigung der Magnetenergiefrequenz und der Liebesenergiefrequenz der Erde, wird es unserem Planeten gelingen, den Aufstieg in die neue Dimension zu schaffen. Dazu muss eine grosse Masse von Menschen auf dem ganzen Planeten ihre Mindkraft einsetzen.

Sprechen wir von den Schwingungen der Liebe, glaubt fast jeder Mensch zu wissen was das ist. Mit ganz wenigen Ausnahmen hat jeder in seinem Leben Gefühle von Liebe und Zuneigung erleben und geniessen dürfen. Emotional verknüpfte Liebe ist nicht gleichzusetzen mit universeller Liebe. Emotionale Liebe wird geleitet von sich ständig abwechselnden Gefühlen, von Hochs und Tiefs, von Macht und Ohnmacht, von Verlustangst und Flügel, von Gefangenschaft und Freiheit, von Freude und Leid. Unter dem Deckmantel Liebe können Seelenqualen verborgen sein, die verzweifeln lassen und Leben zerstörend wirken können. Universelle Liebe, Schöpfer Liebe IST einfach. In jedem Augenblick gleichmässig fliessend, Fülle pur, rein, klar, bedingungslos und frei von jeglichen Emotionen.

Magnetenergie ist einerseits Klarheitsenergie und anderseits Durchbruchskraft. So ist Kryon Magnet, Seelenmagnet. Kryon ist Schutz, Kryon ist Durchbruch, Kryon bedeutet Entwicklung. Magnetenergie zieht an und stösst ab. Sie hat also zwei Pole und muss deshalb um das gewünschte Resultat zu erreichen, gelenkt werden. Viele kennen die Magnetkraft von Kristallen oder aus der Magnetresonanztherapie. Kryon kümmert sich um den magnetischen Schutzmantel, um die Verstärkung und Ausrichtung des magnetischen Gitternetzes rund um den Erdball. In seinem Aufgabenbereich liegt auch die Unterstützung und Ausdehnung des universellen magnetischen Gitternetzes. Ebenso ist ein magnetisches Gitternetz im Körper des Menschen vorhanden. Möchtest du dieses magnetische Gitternetz in dir bewusst spüren, so verbinde dich mit deiner Seele und aktiviere mit einem Gedanken den magnetischen Kreislauf in deinem Herzchakra. Du kannst einfach geschehen lassen oder mit einem Gedanken diese Magnetkraft durch das Gitternetz in den Körper lenken, dorthin wo du es gerade brauchst. Sollte dies für dich nicht möglich sein, so kannst du dich an eine Therapeutin oder Therapeuten wenden, die mit diesen Energien arbeiten und vertraut sind. Dieses im Menschen angelegte magnetische Gitternetz ist verbunden mit dem Erdengitternetz und dem universellen Gitternetz. So können wir zum Beispiel einen müden Körper mit Magnetenergie aufladen oder gezielt in geschwächte oder kranke Bereiche im Körper lenken. So unterstützt uns der magnetische Meister Kryon, sofern wir das wünschen, mit und durch seine magnetische Umwandlungskraft, wieder den Weg in eine reine Bewusstheit, in den Strom der klaren Erkennungskraft zu finden.

Das Bild einer heilen Welt ist am zerbröckeln. Das Pendel schlägt in diesen Zeiten sehr stark in die Minuspolarität und so erleben wir vielerorts chaotische Zustände. Mit Krawallen, mit Drogenexzessen aller Art, mit Amokläufen, mit zunehmenden Suiziden, mit inneren und äusseren Widerständen machen uns die jungen Menschen und allen voran die Indigokinder, auf den desolaten Zustand der Gesellschaft und damit der ganzen Erde, aufmerksam. So erleben wir einen Zusammenbruch nach dem andern. Liebe, Achtsamkeit und Respekt fehlen. Mit der ganzen grossen liebesmagnetischen Kraft wollen uns die Indigokinder darauf aufmerksam machen. Sie stehen an vorderster Front und brauchen deshalb am allermeisten verständnisvolle, unterstützende Begleitung. Haben sie das nicht, dann flüchten sie sich in Süchte, in denen sie für kurze Zeit abtauchen können, um so einer inneren Leere und Ohnmacht zu entfliehen. Wir erleben immer wieder, dass da, wo das Seele-Mensch Bewusstsein, die Seele – Mensch Verbindung noch schlafend, oder noch nicht stark entwickelt sind, ziehen sie die gleichen oder ähnlichen Erfahrungen immer wieder an. Dies geschieht solange, bis der Mensch gelernt hat, seine Erfahrungsfrequenz umzulenken und mit seiner Gedankenkraft die gewünschten Resultate zu programmieren. Gedankenkraft ist also Magnetkraft. Je grösser und klarer diese Feinabstimmung ist, umso schneller geht der Entwicklungsprozess voran. Jede Minute erschaffen wir uns unser Leben neu, reaktiv oder kreativ. So sind wir Menschen, jeder an seinem Platz, ganz besonders aber die Indigo Kinder, die Bindeglieder, die die magnetischen Gitternetze knüpfen und verstärken. Magnetkraft ist Wunschverwirklichungskraft. Deshalb sind unsere Gefühle und Gedanken von grösstem Einfluss. Gedanken und Gefühle sind zwei verschiedene paar Schuhe. Stelle dir zwei Gefässe vor. Im einen sind die Gefühle und im anderen die Gedanken. Gefühle sind Seelenbotschaften und Gedanken sind Konstrukte unseres Verstandes. Diese zwei klar auseinander zu halten, ist wohl für die meisten von uns eine der grössten Herausforderung unseres Lebens.

Indigo, der Kraftstrahl mit der aussergewöhnlichen Aufbruchs- und Umbruchskraft. Der Strahl der Umwandlungskraft, mit dem es gelingen wird, Träume, Wünsche und Visionen zu verankern, zu manifestieren und auf die Realitätsebene zu bringen. Damit dies geschehen kann, muss eine bewusste Mensch-Seele-Geist Verbindung gemacht werden.

Kryon hat den Auftrag übernommen den Indigokindern als Führer, als Förderer, als Schutz und Unterstützung in ihren recht umwälzenden Aufgaben zu dienen. Die Indigokinder sind wie schon gesagt, die Pioniere erster Güte. Sie müssen lernen mit der starken Magnetenergie, die sie in sich haben umzugehen und sie für ihren grossen Dienst einzusetzen. Sie kamen und kommen den Weg zu bereiten für alle die Strahlen, die nachgekommen sind. Sie tragen in sich die Vision einer Zukunft in der die Macht der Liebe wieder das Zepter führt. Sie sind es, die die Menschen dahin führen werden, dass sie erkennen, dass im neuen Zeitalter eine neue Lebensanschauung unumgänglich ist. Sie werden alte Strukturen rigoros niederreissen und auf allen Ebenen neue Bewusstseinstufen in die Gesellschaft bringen. Sie sind gekommen um Grenzen zu sprengen und neue einschneidende Forschungen in Technik und Wissenschaft zu schaffen.

Ihre Wahrnehmungsfähigkeit ist von einer ausserordentlichen Klarheit und hier beginnen für sie schon die ersten Schwierigkeiten. Im erkennen und beobachten von ungerechtem Handeln, von nicht übereinstimmenden Aussagen, von ungerechtfertigtem Behandeln geraten sie sehr schnell in Rage. Sie rebellieren, provozieren und entwickeln sich zu kleinen und später grösseren Störenfrieden. Spätestens bei Schuleintritt wird dies ein Thema werden. In ihrer Eigenwilligkeit entwickeln sie asoziale Züge, fallen auf, ecken an und bekunden Mühe mit Menschen in eine Beziehung zu kommen. Die in ihren Körpermeridianen zirkulierenden hohen magnetischen Energien, beschenken sie mit einer aktiveren Gehirnkapazität, sowie einer erhöhten Lebenserwartung. Schon sehr früh erkennen sie ihre Andersartigkeit, wissen nicht wie damit umzugehen und geraten so in die Gefahr der Ausgrenzung. Überforderte Eltern und Lehrer sind sehr oft ratlos, finden keine Mittel und Wege für den Zugang in ihre Herzen, in ihr "Anderssein". Und hier in dieser übernehmenden Ohnmacht, in einer grenzenlosen Hilflosigkeit, geraten diese Kinder und Eltern zum vermeintlichen, alle Probleme lösenden und am meisten verschriebenen Medikament - Ritalin. Sehr viele wissen nicht, dass ein Dauerkonsum, zu dem es in den meisten Fällen kommt, Ritalin Nebenwirkungen auslöst, die vergleichbar sind nach einem Drogenkonsum von Kokain und Ecstasy. In der Abgabe von Ritalin haben wir keine Lösung, sondern nur ein Mittel zur Symptombekämpfung, zur Stilllegung ausserordentlicher Kräfte für Durchbruch und Wandel. Ausdrücklich betonen möchte ich hier, dass ich mir sehr wohl bewusst bin, unter welchem ungeheuren Druck die Eltern stehen und was für Konfrontationen sie durchstehen müssen. Eltern, die ein verhaltensauffälliges und meistens hyperaktives Kind aufziehen oder Lehrer, welche ein solches in der

Klasse haben, haben es alles andere als einfach. Ein konstruktives gemeinsames Arbeiten ist häufig nicht möglich und so entstehen nicht selten für alle Beteiligten unzumutbare Situationen. Gelitten wird auf allen Seiten und ich möchte hier ein nachdrückliches Wort einlegen und um Einfühlungsvermögen und Geduld für diese wunderbaren Seelen/Menschen bitten. Es ist mir sehr wichtig und absolut notwendig zu verstehen, dass diese Kinder anders funktionieren, dass ihre Art zu denken und Zusammenhänge zu verstehen anders, viel komplexer ist. Sie haben meistens einen überdurchschnittlichen IQ. Dadurch entsteht ein Wissensdurst und Wissensdrang der kaum zu bremsen und zu stillen ist. Sie sind lebhaft, sausen wie Wirbelwinde durch die Landschaft und hinterlassen ein kreatives Chaos. Sie hinterfragen alles, haben tausende von Fragen in grosser Klarheit und Weisheit. Im herkömmlichen Schulsystem sind sie deshalb sehr schnell unterfordert, langweilen sich, stören und provozieren. Ihre Wissensbegierde erhält nicht genügend Nahrung, denn mit ihrem klaren, wachen Verstand, mit ihren extremen, mentalen Fähigkeiten und dem angeborenen Verständnis für Mathematik, Physik, Astronomie und für bahnbrechende Forschungen, sind sie ihren gleichaltrigen Kameraden weit voraus. Sie fühlen sich ebenfalls zuhause in der Welt der Informatik. Computer und Vernetzungen faszinieren und begeistern sie. Finden sie in diesen Bereichen Gesprächspartner und "Futter" um ihren Wissenshunger zu stillen, werden sie um einiges umgänglicher.

Gefahrenpotenzial ihre Aufgaben nicht erfüllen zu können, entsteht einerseits da, wo sie sich in eine Traumwelt flüchten, sich zurückziehen, zu Einzelgängern werden, in Depressionen landen und daran zerbrechen. Andererseits besteht die Gefahr der Flucht in Süchte aller Art und diese führen letztendlich in eine Leben zerstörende Spirale. Auf der anderen Seite besteht die Gefährdung in eine Ego Spirale zu tauchen und in einer gelebten Arroganz, die ja nur ein Schutzschild für ihre grosse Empfindsamkeit ist, zu vereinsamen. Unendlich viel Liebe und Geduld sind gefragt. Lernt diesen Kindern was Liebe, was Selbstliebe ist und lebt sie ihnen vor. Sie brauchen enorme Zuwendung und Anerkennung, Mut und Interessensgebiete, die sie mit anderen teilen können, sowie eine bewusste Hinwendung zu ihrer Spiritualität, zu ihrem Seelenbewusstsein. Sie müssen lernen, ihren kreativ schöpferischen Intellekt durchdacht und in Integrität zu nutzen und so die Anerkennung und die Wertschätzung in der Gesellschaft zu erhalten. Damit dies im Aussen geschehen kann, brauchen sie, wie wir alle, eine Selbstbejahung in Toleranz und Akzeptanz.

Liebe Eltern, Lehrer und Wegbegleiter, dieses magnetische Wissen, diese neuen revolutionierenden Erkenntnisse müssen in der Wissenschaft Einzug halten können. Deshalb brauchen sie von klein auf ein soziales Umfeld, das ihnen ein ungebrochenes Vertrauen und Verständnis entgegenbringt. Sie benötigen jede Menge Liebe, die verzeihen kann, Liebe, die über Chaos hinweg sehen kann, sowie das Geschenk des unbedingten Freiraums unter einer starken, liebenden, doch sehr geradlinigen Führungshand. Was keine Hilfe ist, sind Verbote und Gesetze, die sie nicht verstehen. Sie brauchen Mentoren, die Grenzen setzen, doch Grenzen, die sie vorbildhaft selber einhalten. Das absolut einzige, das ihnen hilft, ist das, was uns allen hilft, ein Dasein in Liebe, einer grenzenlosen Liebe, egal was geschehen ist. So können sie in Herausforderungen wachsen, Hindernisse überwinden und mit einer gefassten Entschlossenheit JA zum Leben sagen und so in die Balance von Körper, Geist und Seele finden.

Im Erwachsenen Alter finden sie Erfüllung in Berufen, die mit Forschung und Entwicklung zu tun haben. Wir alle werden in den Genuss von sensationellen neuen Wissenschaften und neuen Denkmustern kommen. Geben wir ihnen die Chance durch unser Verstehen, durch unsere wohlwollende Unterstützung und Begleitung ihrem Auftrag gerecht zu werden. Es wird auch zu unserem Segen sein!

Und noch etwas, wir alle, die wir um die umwälzende Kraft von Gedankenenergie wissen, setzen wir dieses Wissen ein und lassen wieder die Sprache des Herzens sprechen und so unsere Welt verändern.

Und noch etwas, wie einmalig schön und beglückend wäre es doch, wenn grosse Massen von Menschen ihre Mindkraft für einen weltumspannenden Frieden einsetzen würden. Alles ist möglich!

Newahjac

Rosa-Grün der Heilungsstrahl
Herzverbunden – Erdverbunden

Rosa
Liebe, Wärme,
Toleranz und Akzeptanz

Grün
Heilung, Hoffnung,
Wachstum und Erfrischung
Natürlich zärtlich frische Leichtigkeit
Für Umwandlung gemeinsam bereit

Channeling von Newahjac

Wir sind Newahjac, unseren Erde-Himmel Verbindungssegen mit euch. Die Menschenkinder sind hellhöriger geworden, wenn es um die angeschlagene Gesundheit ihrer Mutter Erde geht. Darüber sind wir höchst erfreut. Nicht wenige machen sich Gedanken über Rettungsmassnahmen und eine Vielfalt von Anregungen wird verbreitet. Wir sind berührt über die ständig wachsende Zahl von Menschen auf allen Kontinenten, junge und alte, kleine und grosse, schwarze, gelbe und weisse, tun ihre Sorgen über die Leiden der Erdenmutter kund. Sie bitten um Aufmerksamkeit, versuchen mit allen Mitteln wachzurütteln. Ihrem Verstand ist nicht entgangen, wie qualvoll, wie unermesslich schmerzhaft zurückkommen wird, was über lange, sehr lange Zeit gesät wurde. An vielen Orten seid ihr bereits mitten drin in der Ernte.

Die Erdenmutter setzt sich mit allen Kräften zur Wehr. Es geht um ihr Leben, um ihr Überleben. Zugleich ist da ihre unendlich grosse und innige Liebe. Die Liebe für alle ihre Kinder, für alle Lebewesen im Pflanzen- Tier- oder Mineralienreich. Als Urmutter bittet sie um eine uneingeschränkte Aufmerksamkeit. Sie fleht um eine Rückbesinnung, ein in sich gehen, jedes Einzelnen für sich. Fragt euch: Was kann ich und bin ich bereit zu tun, wenn mein Liebstes, mein Lebensnotwendiges krank liegt, vielleicht vom Tode bedroht wird? Wird da nicht alles erdenklich Mögliche getan? Solche tiefgehende, tief berührende Situationen kennt ihr alle. Genauso muss im Zusammenhang mit dem Gesundheitszustand der Erdenmutter ein Umdenken in allen, in jedem einzelnen Menschenwesen geschehen.

Die Zukunft eurer Urmutter, wie auch eure Zukunft, liegt in euren Händen. In euren Händen und in euren Herzen liegt die Verantwortung. Diskutiert und debattiert wird in Politik und Wirtschaft. Gehandelt aber wird durch euch. Seid ihr euch dessen bewusst? In jeder Krise verbirgt sich eine Chance. Die Überlebenschance der Erdenmutter liegt in eurem Handeln.

Mutter Erde leidet grosse Schmerzen. Sie wird ausgebeutet, ausgehöhlt, ausgeraubt und sofern nichts verändert wird, letztendlich zerstört werden. Was der Mensch, und nur er, im Stande ist zu tun oder zu unterlassen, erlebt ihr in diesen besonderen Zeiten. Ihr habt die Wahl, die Wahl einer total freien Entscheidung. Weder die Erdenmutter oder jemand anders be- oder verurteilt. Jeder handelt und wandelt in Eigenverantwortung. An diese Eigenverantwortung möchten wir appellieren. Nehmt sie bitte vermehrt wahr, drückt euch aus, lasst eure Herzen sprechen. Lasst eure Sinne tanzen, tanzen im Sonnenlicht, tanzen im Sternenlicht, tanzen im Wind, tanzen im Feuer, im Feuer der Liebe, tanzen in der Leichtigkeit des Wassers. In einem Erdenfeuerliebestanz tanzt mit allen Elementen den Tanz der Verzweiflung so lange bis er zum Tanz der Offenbarung wird. Dieser euer Erdenfeuerliebestanz mit unserer Choreographie und mit der Hilfe von allen Erdenergiespezialisten, mit den Elfen, Gnomen und Feen, wird zu einem Erdenheilungstanz werden. Erschafft durch die Kraft eures Bewusstseins und durch die Liebe eures Herzens eine neue Erde, eine neue Welt. Eine Welt in der die Menschen mit ihrem Herzensklang und dem Herzensklang der Erdenmutter wieder in Einklang schwingen. Glaubt daran und vertraut darauf, so wird die Verwirklichungskraft aufgebaut und gestärkt.

Die Mutter Erde mit allen ihren feinstofflichen Dienern und wir die Energien Newahjac, wir danken euch, wir segnen euch und eure Arbeit, und gemeinsam freuen wir uns auf die Wiederauferstehung, die Neubelebung, die Neuausrichtung einer wunderbaren, strahlenden und Hoffnung verheissenden Zukunft. Eine Aussicht auf ein Leben in Achtsamkeit, in Liebe, in Friede, Freude und Freiheit. Unsere Kinder, eure Kinder mögen diese Vision leben und erleben. So sei es! So ist es!

Spiritueller Führer: Newahjak

Farbstrahl: Rosa-Grün

Vorkommen: 12%

Eigenschaften: Zielgerichtete Heilung und Ausgleichung

Verbindung: Natur / Erde

Die Erde auf der wir für eine vom Schöpfer vorgesehene Zeit wandeln dürfen, bedeutet für uns Heimat. Irdische Heimat am geografischen, von der Seele ausgewählten Ort, mit ihrem Wunsch, genau dort Erfahrungen zu machen, die dem Entwicklungsweg dienen mögen.

Die Erde schwingt und wir mit ihr. So werden alle unsere Gedanken, unsere Handlungen, unser ganzes Sein von den Erdschwingungen aufgenommen, in die Atmosphäre integriert und diese geballte Kraft bestimmt dann den planetarischen Zustand. Mit diesen Einsichten haben wir Mittel und Wege, die einladend wirken, unsere Denk- und Handlungsweisen zu analysieren, zu verändern und so mitzuwirken in einer globalen Erhöhung der Schwingungsfrequenz. Auf Schritt und Tritt erleben wir, was höher schwingt fühlt sich leichter und beschwingter an.

Zum jetzigen Zeitpunkt nehmen wir die Erde etwas anders wahr. Sie ist innen und aussen aufgewühlt, sie ist sozusagen in einen Aufstand getreten. Dies zeigt sie uns in den vermehrt auftretenden Vulkanausbrüchen, die mit ihrer alles zerstörender Feuerkraft im Erdinneren wie im Erdaussen vernichtend wirken. Ausbrüche im Innen lösen die Leid und Verderben bringenden Tsunamis aus, Ausbrüche im Aussen die Wolken aus Asche, die die Atmosphäre vergiften oder nach Lavaströmen grosse Teile der Erdoberfläche für eine lange Zeit erstarren lassen und unfruchtbar machen. Dazu kommen noch andere Unwetterkatastrophen, die uns aufhorchen lassen. Dies sind alles Zeugnisse einer Erde, die sich wehrt, die sich wehren muss, einer Erde, die ihre Hilfeschreie aussendet, die um Gehöhr bittet, die um Respekt und Achtsamkeit fleht.

Alle, die wir in Gegenden leben und aufwachsen dürfen, welche von verheerenden Katastrophen zum grössten Teil verschont bleiben, realisieren bei Hiobsbotschaften sehr schnell, was für ein Privileg wir geniessen. Die erschreckenden und erschütternden Bilder nehmen wir meistens aus einer sicheren Distanz wahr. Je nach dem wie nahe uns die heimgesuchten Menschen und Gegenden sind, werden unsere Mitgefühle mehr oder weniger berührt und wir nehmen daran teil. Die schnelllebige Zeit in der wir uns befinden, wo ein Ereignis das andere jagt, wo ebenfalls persönliche Probleme uns beschäftigen, entsteht zum einen Hilflosigkeit und zum anderen eine gewisse Abgestumpftheit.

Für die Urvölker war die Erde ein liebevolles Wesen. Ein lebendiges Wesen, das als Mutter oder Schwester angesehen wurde, eine Wesenheit, der man mit Ehrfurcht und Dankbarkeit begegnete, der man Ehre zollte für alles was sie für unser Wohl hervorbrachte. Es ist also höchste Zeit, dass wir wieder lernen diese Liebe zu ihr neu auszudrücken und in Taten umzusetzen.

Die Kinder, die unter dem rosa-grünen Strahl zu uns kommen, haben genau diesen Auftrag übernommen. Sie wollen das Mensch-Erde Liebesdefizit aufbrechen, auf die entmutigenden Blockaden, freundlich, doch in einer zweifellosen Art lenken, so, dass der Mensch sich seiner

Verantwortung allem Lebendigen gegenüber wieder bewusster wird. Sie sind der Wunderbalsam für die Wunden die der Mensch der Natur, der Erde, angetan hat und weiterhin antut, sei es aus Gier oder sehr oft auch aus Unwissenheit.

Mit der ganzen Intensität ihres grossen liebenden Herzens sind sie interessiert an allem was Leben in sich trägt. Mit ihrer Sanftheit, mit ihrer inneren Sonne, die im Aussen alles wärmt und überstrahlt, heilen sie schon in frühkindlichem Alter intuitiv in einer ganz natürlichen Art. Sie lehren uns die Liebe und die Dankbarkeit in einer uneingeschränkten Weise, der Natur, der Erde wieder zu schenken. Ja, sie leben es vor, denn in ihnen fliesst ein Liebesstrom von enormer Grösse. Ihre Seelennahrung ist die Harmonie. Sie suchen den Kontakt mit der Erdebene, im äusseren wie im inneren Bereich. In der Kommunikation mit Pflanzen, Tieren und Erdwesen, in diesem Austausch sind sie zuhause, dies schenkt ihnen die notwendige Zentriertheit. Bedingungslos ernst nehmen sollten wir sie, wenn sie von ihren feinstofflichen Freunden und Beratern, den Elfen, Feen und Gnomen sprechen. Der Bezug zu diesen Wesen ist für sie das natürlichste der Welt und deshalb von grösster Wichtigkeit. In diesen Begegnungen fühlen sie die grosse Unterstützung, die Hilfe die sie durch diese Realitätsebene erhalten, um der Natur, dem Planeten wieder in ein für alle greifbares Mysterium zu verhelfen. Gerade durch diese Unbefangenheit, mit der sie über Erlebnisse mit den Erdwesen, den unfasslichen Erdenlichtengeln berichten, sind sie uns Lehrmeister und Wegbereiter in der Wiederentdeckung und Anerkennung dieser grossartigen Helfer.

Durch ihre tiefe Verbundenheit mit der Schöpfung, mit dem Herzschlag der Erde leiden sie mit jeder Kreatur, spüren den Schmerz, das Schwere, die Leiden, als wären es ihre eigenen. Hier braucht es das Feingefühl von Eltern und Umfeld, sie mit dem Umgang ihrer Emotionen vertraut zu machen, sie mit der Kraft, die aus der Erde strömt bewusst zu verbinden und sie zu lehren, dass auch hier ein stetes Empfangen und Teilen, also ein Austausch stattfindet, ja stattfinden muss.

Newahjak, der geistige Führer der Seelen vom rosagrünen Strahl ist ein fabelhafter Erdmeister. Viele Lebenszeiten verbrachte diese Seele als Nordamerikanischer Indianer. In einer offenherzigen Einheit mit dem Wesen Erde wurde der Lebensalltag gelebt und gestaltet, gemäss den Zyklen der Natur. In den vier Himmelsrichtungen, den vier Elementen und den vier Jahreszeiten erkennen wir auch die vier Lebensabschnitte des Menschen. (Kindheit, Jugendzeit, Berufsleben, Lebensabend.)

Rosa-Grün ist die Herzensfarbe, mit dem Herzchakra assoziiert, somit die Farbe der Liebe. Rosa-Grün der Liebesheilungsstrahl, ein reiner, heilender Emotionsstrahl der aus der Erde fliesst. Diese Kinder sind Herzerfrischend, haben eine angeborene Fröhlichkeit und Leichtigkeit. Ihrem enormen Bedürfnis die Natur zu erleben, bei jedem Wetter draussen zu sein, die Elemente zu spüren, sich mit den Erdwesen auszutauschen, sollte genügend Raum und Zeit gegeben werden. Hier in diesem Geschenk der Natur finden sie was sie brauchen, eine Erdverbundenheit mit allen Sinnen.

Newahjak lehrt uns durch die Kinder seines Strahles eine neue Denkweise, ein neues Verantwortungsgefühl. Alles Erschaffene, alles Existierende ist für sie der Kanal zum ursprünglichen Licht, zum Schöpfer Gott Licht. Damit sie in diese starke, leidenschaftliche Verbindung hineinwachsen, die Kraft daraus aufbauen und ihr Wissen nutzen können, benötigen sie, wie alle diese Kinder, Eltern, Erwachsene mit einer grossen Offenheit für die eigene Spiritualität. Hier wird ihr zukünftiger Weg geebnet, damit sie die Fürsprecherrolle für die Erde übernehmen können.

Nicht immer wird ihr Enthusiasmus verstanden werden. Widerstände in der Gesellschaft werden ihre Arbeit erschweren. Auch sie werden von Erfahrungen in der Polarität nicht verschont werden. Sie werden lernen müssen, dass grossen Wandlungen lang andauernde Prozesse vorausgehen und dass ein riesengrosses Potenzial an Geduld und Beharrlichkeit notwendig ist. Sind sie sich einmal ihrer Aufgaben bewusst, werden sie sich mit all' ihnen zur Verfügung stehenden Mitteln und Kräften dafür einsetzen, dass die Menschheit sensibilisiert wird für die Wunder der Erde.

Ihr wichtigster Aufgabenbereich wird darin bestehen, mit fundierten Informationen aufzuklären, zu unterrichten, nach neuen Technologien in der Ökologie, wie in der Nahrung zu forschen. Sie werden bestrebt sein, die Forschung in der Naturheilmedizin, mit Einbezug bekannter, wie noch unzähliger unbekannter Heilpflanzen voran zu treiben. Sie werden uns lehren uns einzustimmen in die Herzenssprache der Elfen, Feen und Gnomen, der Tiere, der Pflanzen, der Blumen, der Steine und der Berge. In allem und jedem sehen sie den Geist, das Licht Gottes.

Ihr Wissensdurst im Bereich Natur und Erde ist gross. Viele dieser Kinder sind hellsichtig, nehmen also die für uns unsichtbaren Wesen wahr. Gelegentlich kommt es vor, dass sie dunkle Wesen sehen, sich von ihnen bedroht fühlen und dadurch Ängste entstehen. Hier ist eine liebevolle, behutsame Zuwendung gefragt und absolut erforderlich. Den Ängsten nachgehen, darüber sprechen, zusammen die lichten Kräfte herbeirufen, ein Gefühl von Geborgenheit vermitteln, hilft in den meisten Fällen. Helfen diese Massnahmen nicht, dann ist professionelle Hilfe erwünscht, denn das Kind sollte in seinen Wahrnehmungen ernst genommen werden. Wie in allem, ist auch hier wiederum die LIEBE das wichtigste Element um diese Ängste mit dem Kind zu meistern. Geben wir ihnen mit unserem Einfühlungsvermögen, mit unserem Beistand die Möglichkeit eine lebendige Veränderung planetarisch zum Erfolg zu führen.

Jesus und Maria

Rost

Im Farbstrahl der in Rost berührt
Liegt Liebes-Magnetismus Kraft
Erleuchtet, beleuchtet,
geführt im Verbund
Mikrokosmos gleich Makrokosmos
Erde - All und Schöpfermacht
Gehalten in der Liebeskraft

Channeling von Jesus und Maria

Wir sind Jesus. Wir sind Maria. In unseren vereinigten Energien begrüssen wir euch. Wir sprechen zu euch in einer froh machenden und Unbeschwertheit auslösenden Botschaft. Wir fragen euch, was ist, war oder würde euer Dasein sein, ohne die Liebe? Wir repräsentierten und atmeten in unserem Erdendasein die bedingungslose Liebe. Unser Auftrag wurde geprägt und geleitet aus und in dieser Liebeskraft. Das Liebeszeitalter wurde es genannt. Es war die Zeit, in denen die Menschen lernen durften was Liebe ist, was wahre Liebe auszulösen und zu wandeln vermag.

Liebes Erfahrungen in einer reinen Form, in der Verschmelzung vom Ich zum Du, kann ein Urglücksgefühl frei machen, das mit nichts anderem gleichzusetzen ist. Damit solche Begegnungen im Seelen- und menschlichen Bereich fass- und umsetzbar werden, braucht ihr zuerst die Schlüssel in eure persönliche Selbstliebesschatzkammer. An diesem, wir möchten sagen heiligen Ort, wartet die Kraft, die es in sich hat, alles, aber wirklich alles umzuwandeln zum Guten, in die Gnade zu wenden.

Das Weltbild zeigt euch die etwas andere Wirklichkeit vor. Doch nichts desto trotz, aus tiefster Überzeugung möchten wir betonen, dass das Bild eines globalen Friedens, die Vorstellung einer in allen Belangen gesunden, freien, friedlichen und heiteren Welt, keine Utopie ist. Es ist ein Ziel, das in ferner Zukunft erreicht werden wird, erreicht werden kann. Weltfrieden, tragt bitte diese Vision in euren Herzen und in eurem Geiste.

Schaut euch um, erfasst alle die unzähligen kleinen und grösseren Fortschritte, Annäherungen, in die Richtung ei-

ner weltumspannenden Erneuerung, einer Erde umfassenden Liebesvernetzung. Wir nehmen wahr, wie das stetig wachsende Netz an Lichtarbeitern zielgerichtet Arbeit verrichtet. Wie ein wundersamer Wandlungsprozess allmählich, erst noch im Stillen, in Bewegung kommt und sich ein globales Miteinander und Füreinander entwickelt. Die Samen der Liebe fangen an Früchte zu bilden.

Wir möchten auch die Wirklichkeit nicht verneinen, dass viele Menschen spirituell noch schlafend sind. Geduldig wartet die Seele, im Wissen, dass alles dem Evolutionsplan gemäss verläuft. Nach und nach werden sie aufwachen, denn die Zeiten eines Neubeginnes, einer Neuanpassung und Neuorientierung sind da, sind reif. Die Existenz der Göttlichen Macht, der Liebes- Schöpfer-Macht wird wieder bewusster, integrierter. Zugleich tritt in euer Bewusstsein, dass für ein erfülltes, gnadenvolles Leben, eine Seele-Mensch-Schöpfer Verbindung unumgänglich ist.

Ihr befindet euch nun im Anbeginn eines neuen, des magnetischen Zeitalters. Eine Zeitspanne, die sich über 25'000 Jahre dehnen wird. Universelle schöpferische Liebe ist euch ein Begriff. Ebenso existent ist universelle schöpferische Magnetenergie. Im Wassermannzeitalter, das heisst in den magnetischen Epochen, geschieht nun die Vermählung, die Verschmelzung dieser beiden Urkräfte. Diese liebesmagnetische Gemeinschaft bringt euch die Umwandlungs- Umlenkungskraft. Beide Energien müssen gelenkt werden, damit sie zusammenfinden. Beide sind gleichwertig, tragen in sich nur verschiedene Aufgabenbereiche. Dies musste so geschehen, damit auch hier die Ausgewogenheit besteht. In dieser vereinten Kraft erhalten die Heilungs- Schutz- und Umwandlungsenergien eine exponentielle Erhöhung. So kann Heilung auf allen Ebenen schneller und effizienter geschehen.

Allen Dienstseelen sind beide Energien bewusst oder unbewusst wohl vertraut, den einen mehr, den anderen weniger, stets dem Seelenplan entsprechend, so wie ihr mit verschiedenenartigen Talenten und Fähigkeiten geboren werdet. Es gibt auch hier kein mehr oder weniger, kein besser oder schlechter. Vor dem Schöpfer sind alle gleichwertig. Bitte ruft euch diese Erkenntnis immer wieder ins Bewusstsein, besonders in Konstellationen, in denen ihr euch und andere unbedacht be- und verurteilt.

Als unzertrennliches Paar, als innige Sohn-Mutter Verbindung, lebten wir unsere Erdengemeinschaft. In dieser Energievereinigung sind wir wieder für euch da. Mit einem Schutzmantel, mit einem alles durchdringenden, auf- und durchbrechenden Liebesmagnetischen Segen sind wir mitten unter euch, arbeiten mit euch und durch euch, sofern das gewünscht und erlaubt ist.

In tiefer Liebe, unvergänglich mit euch vereinigt, sind wir Jesus und Maria

Spirituelle Führer: Jesus und Maria

Farbstrahl: Rost

Vorkommen: 6%

Eigenschaften: Magnetischer Fluss von Polaritätsbalance

Verbindung: Raumkommandos

Jesus und Maria, das Paar, das in sämtlichen christlichen Religionen die Verkörperung einer innigsten, tiefsten Verbundenheit zwischen Sohn und Mutter ist. Diese beiden Persönlichkeiten haben auf ihrem Erdenweg Spuren hinterlassen, die Zeugnis geben von einem Absolut in Sachen Vertrauen. Maria als Mutter, vertraute ihrem, über Alles geliebten Sohn, bedingungslos. Obwohl sie vieles nicht verstand, vertraute sie ihrer Intuition und liess ihn gewähren. Wie alle, die mit Jesus schon als Kind in Kontakt kamen, staunte auch sie über die Klarheit die aus seinen Worten kam. Sie war oft überrascht von der Genialität seiner charismatischen Ausstrahlung. Die Wirkung die Jesus von der Geburt bis zum Tode hatte, entstand aus einem Liebesspiel das er spielte. Man könnte es das Herzens- oder Seelenspiel nennen, mit dem er die Menschen zu fangen und zu begeistern wusste. Er sah in jedem Gegenüber das Seelenlicht leuchten und damit die Bande zu seinem Vater. So sandte er die Töne seiner Herzensmelodie aus, fielen sie auf Resonanz, entstand eine wundersame, heilende Sinfonie. Fielen seine Seelen-Töne jedoch auf eine nicht kompatible Frequenz, wurde eine Dissonanz daraus. In der Welt der Polarität und der Dualität muss, darf beides geschehen. Beide Teile haben den gleichen Wert und ergeben ein Ganzes. Jesus hatte die besondere Begabung die Menschen mit ihren Schattenseiten zu konfrontieren und ihnen gleichzeitig in aller Liebe ihren Befreiungsweg aufzuzeichnen. Als Sohn Gottes war er ins irdische Leben getreten, um uns ein Leben in allen Facetten vorzuleben. Seine Lehre war, dass die Gesetzmässigkeiten für jeden gleich sind und dass das Leben ein Wunder ist, das es wertzuschätzen gilt, so setzte er sich mit einer Entschlossenheit ohne gleichen für die Gerechtigkeit und die Gleichstellung von Mann und Frau ein. Das Licht einer alles überstrahlenden inneren Zentralsonne, die Liebe die Jesus uns vorgelebt hat, möge in uns und durch uns zum leuchten kommen.

Maria, als Mutter Jesus auserwählt, war und ist uns das Vorbild für eine fruchtbringende, gnadenvolle Mutter-Kind Beziehung. In einer edlen Gesinnung hielt sie sich im Hintergrund, wohl wissend um ihre bedeutungsvolle Aufgabe. Sie war erfüllt von einem Reservoir an unerschöpflicher Liebe, an Verständnis und Feingefühl. Sie lebte uns eine von unbeirrtem Glauben und Vertrauen geprägte, vollkommene Loslösung vor, die dadurch die Chance einer noch engeren, noch tieferen Beziehung erhielt. Maria und nicht zu vergessen Josef, als liebender, fürsorglicher Vater, taten ihr Bestes für eine gesunde Entwicklung und Förderung des ihnen anvertrauten Sohnes Jesus. Seine Kindheit durfte er wie jedes andere Kind geniessen, in Spiel und Spass, mal in ruhigen Phasen, dann wieder in jugendlichem Übermut. Als Eltern wussten sie um die Bestimmung ihres Sohnes. Sie erkannten sehr bald seine grossen Fähigkeiten in der Kommunikation, nahmen die Veränderungen wahr, die in den Menschen rein durch seine Anwesenheit geschahen. So verstanden sie es beispiellos ihn in seinen Talenten zu fördern und ihm Stabilität und verankernde Wurzeln zu geben, ihn in die Erdrealität einzubinden. In diesem Umfeld wuchsen ihm Flügel, Flügel, die ihn zum Meister, zu unserem Meister werden liessen. Vielleicht kannten seine Eltern schon die bedeutungsvollen Worte von Johann Wolfgang von Goethe: "Zwei Dinge sollen Kinder von ihren Eltern bekommen: Wurzeln und Flügel."

Jesus und Maria, beide hatten sie eine spezielle Mission zu erfüllen. Beide hatten sie einen menschlichen Körper und die Freiheit persönlicher Entscheidungen. Sie gingen durch Hochs und Tiefs, wie wir alle. Sie hatten menschliche Schwächen und alle Emotionen im Positiven wie im Negativen, doch sie waren erfüllt vom kosmischen Feuer der Liebe, das zu einem klaren Wahrnehmungs- und Unterscheidungsvermögen hilft. So wurden sie als eingeübtes Paar mit erdnahen Erfahrungen auserwählt, auch die spirituellen Führer für das neue Zeitalter zu werden.

Im Kanal der Farbstrahlen wählte der Schöpfer für die Seelen die unter der geistigen Führung von Jesus und Marie gehen, die Farbe Rost aus. Schauen wir uns die Zielsetzungen der Seelen an, wird schnell klar, dass eine ihrer Hauptaufgaben die Pionierarbeit in der Aufklärungskampagne für intergalaktische Kommunikation sein wird. Sie sind die Magnete, die Vermittler, die Anker im Beziehungsaufbau zwischen den Menschen und den Raumkommandos. Das neue Zeitalter wird es endlich zulassen, dass die Wesenheiten aus unseren und anderen Zivilisationen zu Verbündeten werden und dass dadurch die Erde die nötige Stabilisierung und die kosmische Gesundheit wieder erlangen kann. Doch bis dahin ist sehr viel Bewusstseinsarbeit gefragt. Für die Erleichterung und Hilfe der alles verändernden Entscheidungen, die zur Anhebung der Erdfrequenz und damit zu einer bewussten Wahrnehmung der energetisch vorhandenen höheren Intelligenzen führen werden, begleiten uns die Kinder aus dem Roststrahl. Sie alle sind hochmagnetische Seelen, die schon sehr früh von Reisen und Begegnungen erzählen, die für die Allgemeinheit in die Fantasiewelt platziert werden. Und doch, es ist eine existente Welt von der sie da berichten und die sich für alle, die sich dafür öffnen können, zugänglich wird. Die Raumkommandos warten in Achtung und Anerkennung unseres freien Willens auf die von jeder persönlich getroffenen Entscheidung einer Begegnung. Unserer Wissenschaft weit überlegen und in liebender Weisheit geschult, könnten in einem konstruktiven Miteinander Heilenergien ins fliessen kommen, die dem Erdinnern, dem Erdäussern und dem ganzen Universum dienen.

Gesegnet mit einem hohen Intelligenzquotienten, meistens über 170, haben diese Kinder einen scharfen Geist, der sie blitzartig Zusammenhänge erkennen und dieselben in einfachen Worten erklären lässt. Aus diesen Kreisen werden unsere zukünftigen Bahnbrecher der Raumfahrt kommen.

Mit ihrem unzweifelhaften Verständnis für Aussergewöhnliches und den passenden Erklärungen dazu, verblüffen sie gross und klein. Redegewandt weisen sie auf Anschauungsmaterial hin, das leider von vielen in den Realitätswissenschaften noch nicht nachvollziehbar ist, noch nicht annehmbar ist. Diese Kinder werden es schaffen, uns in einer beeindruckenden, fokussierten Art, mit klaren Gedankenmanifestationen in den Wirkungskreis neuer Dimensionen zu führen. Für sie bedeuten ausserirdische

Besuche Faszination, Freude, und Wissen erzeugende Erlebnisse und haben nichts mit Angst einflössenden, Macht ausübenden Ausserirdischen zu tun.

Die Wesensart dieser Kinder ist einesteils so von Liebe durchdrungen, dass sie mit ihrer gewinnenden Art die Herzen der Menschen im Sturm erobern. Auf der anderen Seite sind explosionsartige Wutausbrüche um ihren Willen durchzusetzen, keine Seltenheit. Ausserdem sind sie bestechend klar in ihren Aussagen, sind im Besitz eines unglaublichen Durchsetzungsvermögens und können in der Umsetzung dieser Kraft schon mal Anstoss erregen. Mit umfänglichem Elan und mit dem Alter zunehmender Überzeugungskraft versuchen sie die Menschen in eine Realitätsbeziehung mit den Raumkommandos zu bringen. In der Anerkennung dieser konstruktiven Kräfte, die in Anbetracht ihres uns weit überlegenen Wissens, der Erde, der Menschheit, der Forschung und der Evolutionen in reichem Masse dienen könnten, und vor allem dienen möchten, ihnen gilt die wahre Zuwendung dieser Kinder. Je mehr wir es zulassen und uns diesen Energien öffnen, sie bewusst und mit Freude einladen, ihre angebotene Hilfe annehmen, ihnen auf einer totalen Vertrauensbasis begegnen, desto schneller dürfen wir Bewusstseinserweiterung und Frequenzerhöhung wahrnehmen. Doch aufgepasst, wie in Allem können die dunklen Mächte auch hier ihre Kräfte im Spiel haben. An uns liegt es, uns in der Wahrnehmung der minus- wie den plus Energien zu schulen, sie immer mehr zu verfeinern, sowie den Universellen Gesetzen Aufmerksamkeit zu schenken. Das heisst gelebte Integrität und Loyalität mit der Sprache des Herzens zu allen sicht- und unsichtbaren Wesenheiten.

Für diese Kinder ist immer wiederkehrend die Erdung ein Thema. Durch ihren sehr hohen Anteil an körperlichen Magnetenergien heben sie gerne ab, sie sind oft von einer Sehnsucht erfüllt und möchten zurück in die ihnen vertrauten und Geborgenheit vermittelnden Energien. Deshalb ist die Aufklärung, dass ihre momentane Entwicklung hier auf der Erde stattfindet, sehr wichtig. Ebenso erklärend und hilfreich kann ein Hinweis auf ihren Aufgabenbereich sein, den magnetischen Fluss des Polaritätsausgleichs in einen Erdrealen, Menschenbewussten zu lenken.

Liebe Eltern und Erziehende, hier ist eine konsequente, strukturierte, liebende und neuen Denkweisen offene Art der Erziehung von höchster Bedeutung. Nur in einem Umfeld geprägt von Liebe, Toleranz und Akzeptanz können Ziele angepeilt und erreicht werden, die letztendlich uns allen zum Segen werden.

Für zahllose Menschen sind Raumkommandos noch Einbildungen, Hirngespinste von ein paar Verrückten. Einig und bewusst sind sich die Menschen darin, dass für eine Rettung des Planeten möglichst bald etwas getan werden muss. Zum jetzigen Zeitpunkt fliesst der Lebensfluss für einen grossteil der Menschheit unkontrolliert in eine Richtung, in die Richtung von Kontrolle und Macht, von Geld und Gier, von Angst und Zerstörung. Eine weltweite Resignation und Trägheit hat überhand genommen. Dies ist Nährboden der von Machthungrigen für Manipulationen verschiedenster Art genutzt werden kann und genutzt wird. Mit Passivität und Resignation, im schwimmen vom negativen Gedankenfluss geraten wir sehr schnell ins Abseits von Freude und Freiheit.

Täglich haben wir viele Wahlmöglichkeiten. Bezüglich der Energien der Raumkommandos haben wir diese auch. Wir können das uns noch Unbekannte, Fremde bekämpfen und ablehnen. Wir können aber auch die Wahl treffen, Neues willkommen zu heissen, unsere Sichtweisen zu ändern und so in der positiven Kraft der Wandlung mitzuwirken, dass für die gesamte Menschheit der Fluss der Fülle zum fliessen kommt.

Wollen wir in der nahen Zukunft mit den Raumkommandos zusammen arbeiten? Wollen wir, dass sie sich uns in einer physischen Form zeigen dürfen? Die Entscheidung liegt in unserer persönlichen Freiheit. Die Kinder unter der geistigen Führung von Jesus und Maria, haben die nicht leichte Aufgabe, diese Energien bekannter zu machen und zu verbreiten. Doch in ihnen liegt das Potenzial einer universellen irdischen Durchbruchskraft. Unterstützen wir sie, wo immer wir können!

Pythagoras

Gold

Im goldenen Glanz von
Pythagoras Strahl
Öffnet weit sich das Tor
Von Herz und Verstand
Öffnen weit sich die Sinne
Zu begreifen
Wie kosmische Liebesweisheit
durchdringt
Umwandelt und vollbringt

Channeling von Pythagoras

Wir sind die Energien Pythagoras. Segen an euch.

Wir ergreifen hier die Möglichkeit, man könnte auch sagen die Plattform, unsere gebündelten Energien in eure Herzen fliessen zu lassen, und uns in diesem gezielt gelenkten Fluss darin zu manifestieren. Nicht etwa in einem Übergriff oder in einer Machtausübung, nein, es ist ein in euch bestehender, jetzt ausgedrückter Seelenwunsch. Wir kennen das Universelle Gesetz sehr wohl und wir sind uns bewusst, dass dies nur dann geschehen kann und darf, sofern es in Universeller Geist-Mensch-Seelen Wahrheit ist. Alles andere, das ist auch euch bekannt, käme einer Manipulation gleich.

Die Lehre der Zahlen und Symbole zu verbreiten, das Wissen und die Verbindungen hinter den Dingen aufzuzeigen, waren unsere Bestimmung und unsere Arbeit. In diesem Erkennen, in dieser Philosophie liegen zahlreiche Entschlüsselungen die euch Tür und Tor öffnen für Erklärungen und Zusammenhänge, für grosse und kleinere Dinge, die in der Weltenseele in allem und jedem Synthese finden. In der Beziehung, in der Vereinigung von Oben und Unten, von Schöpfergott zu Menschenseele liegen unendlich kraftvolle Energien, die leider, so müssen wir sagen, noch sehr oft im Verborgenen liegen. Es sind die Kräfte, die, wenn sie wieder entdeckt, neu erblühen und so in neue Reiche, in eine neue Dimensionsweite führen können.

Doch auch sie beinhalten die Gesetzmässigkeit, dass sie in der plus- oder minus Polarität tätig sein können. Betrachten wir nun einmal die Gedankenkraft. Wo immer ihr eure Gedankenkraft hinlenkt oder hinlenken lasst, in Win-

deseile werden die Resultate für euch sicht- und spürbar. Gedankenmuster, Einprägungen oder angenommene Verhaltensweisen bestimmen den Einfluss und den Fluss eures Lebens. Eure Erdinkarnationen sind dazu da, erdreale Erfahrungen zu machen, zu sammeln, daraus zu lernen und so geistiges Erde-Mensch-Seelen Wachstum zu generieren. Aus dieser Sicht gesehen ist jede gemachte Erfahrung, ob im Positiv oder Negativ, Reichtum und Segen. Segensreiche und gandenvolle Erkenntnisse, die ihr mit euren Sinnestoren aufnehmen und nutzen dürft.

Die Resultate für eine positive, fruchttragende Entwicklung in ein erfülltes menschliches Dasein liegen in eurer Sicht- und Denkweise. Ein Weitergehen in eine dauerhafte Geist- Mensch- Seelenentwicklung ist nur da möglich, wo kontinuierlich an einer absoluten Ehrlichkeit zu sich selber gehandelt werden kann. Versuchte Umwege führen früher oder später in eine Sackgasse, das heisst in zerstörerische Selbstverurteilungen und fehlendes Selbstvertrauen. Doch muss auch hier gesagt werden, dass es sehr oft Irrwege braucht, um durch die gemachten Einsichten eine neue Zieleingabe einzugeben. Keine Erfahrung ist schlecht. Alles und jedes ist eine Bereicherung und die daraus entstehenden Erkenntnisse richtungweisend für Fortschritt und mutiges Voranschreiten.

Wie in der Astronomie, in der Astrologie, in der Nummerologie und in der Geometrie alles mathematisch berechnet und dadurch sichtbar und erklärbar gemacht werden kann, gibt es auch in der Mensch- Seele- Geist Schulung eine Stufenleiter. In dieser, eurer ganz persönlichen Lebensgeschichte liegen die von euch und eurer Seele gewählten Entwicklungen, die Bewusstwerdung und die schöpferische Eigenkreativität.

In schöpferischen Segen eingehüllt wünschen wir euch, jedem Einzelnen, den schöpferisch kreativen Mut in die Selbstverantwortung, in das Selbst - Bewusstsein, das euch in die Dimension der Einheit in der Dreiheit führt. Wir sind Pythagoras, euer Freund und Vorreiter und es ist und war uns eine Freude!

Spiritueller Führer: Pythagoras

Farbstrahl: Gold

Vorkommen: 2%

Eigenschaften:
Polarität der Wissenschaft

Mathematische Wissenschaft

Alles ist Nichts und Nichts ist Alles

Oben ist Unten und Unten ist Oben

Beides fliesst ineinander und daraus entsteht ein Ganzes. In allem ist die leise Stimme des Göttlichen enthalten, die unendliche Weisheit universellen Wissens mit der Vision, die höheren Dimensionen mit der Weltenseele zu verbinden und in diesen Schwingungen schwingen zu lassen.

Das goldene Zeitalter nennen viele die Epoche an dessen Pforte wir uns nun befinden. Wir verbinden Gold mit Schönheit, mit Reichtum, mit Macht. Folgen wir diesen Gedankengängen, ist Gold Luxus, Ruhm und Festlichkeit. Gold zeigt uns materiellen Wohlstand und damit verbunden eine gewisse finanzielle Sicherheit an. Im Ausspruch "ein goldiges Herz haben" verinnerlichen wir inneren Reichtum. Gold hat viele Facetten. Von schmückenden Gegenständen bis hin zu sinn- und herzerfreuenden Sonnenauf- und Untergängen liegt eine grosse Spannbreite. Der goldene Herbst, der Indian Summer, schenkt uns die letzte Wärme vor dem Einbruch des Winters. Ab und zu sprechen wir auch von einem goldenen Lebensabend und meinen damit, die durch Erfahrungen gesammelten

Schätze von einer inneren Weisheit, die im Aussen ihre Leuchtkraft abgibt.

Pythagoras war ein Griechischer Philosoph, ein Lehrer, Mathematiker und Astronom. Doch allem voran war er eines, er war ein Menschenfreund und ein Freund alles Lebendigen. Seine Lebenszeit ist nicht genau definierbar. Ca. 582 - 498 v. Chr. Seine Lehren waren umwälzend, tiefgründig, fordernd und fördernd und dadurch heilend und Zukunftsorientiert. Heute stellt uns diese grosse Meisterseele ihren Dienst für die Erde aus anderen Dimensionen zur Verfügung, geleitet von Liebe und Weisheit aus erdnahen Erfahrungen.

So wurde die Seelenessenz von Pythagoras ausgewählt, die Kinder unter dem Gold Strahl zu begleiten und ihnen als Führer der Geistigen Welt zu dienen. Prozentual sind diese Kinder mit 2% eine klare Minderheit. Das Ziel, das diese Seelen anvisieren ist von einer enormen Bedeutung. Ist da doch der dringliche Wunsch der Verstandeswissenschaft, die Verbindung mit der spirituellen Wissenschaft erklärbar und beweisbar zu machen. Das Thema ist, alte Gesetzmässigkeiten aufzulösen und Portale zu öffnen für eine Verbindung zu uraltem und neuem Wissen. Es geht um die Wiederentdeckung und Eingliederung der universellen Wissenschaften in Übereinstimmung mit den Universellen Gesetzen.

Zum aktuellen Zeitpunkt werden diese Kinder mit wenigen Ausnahmen vorwiegend im Asiatischen Raum geboren. Hier erleben wir die grösste und am schnellsten wachsende Bevölkerungspopulation. Ein weiterer Grund für dieses ausgewählte geografische Gebiet ist die Wahrnehmung und Förderung von Kindern und jungen Menschen, die mit aussergewöhnlichen Begabungen gesegnet sind. Ausnahmetalente werden hier vermehrt als eine Bereicherung für die Allgemeinheit gesehen und dementsprechend gefördert. Zu wünschen ist auch hier, dass keine menschliche materielle Giermanipulation Einzug hält, sondern dass jegliche Unterstützung, jede Hilfe zur Förderung und Verfeinerung ihrer ausserordentlichen Talente in einem geschützten Rahmen, stets zum Wohle dieser Menschen/Seelen geschehen wird. Ist das Umfeld durch eine solche Sichtweise gewährleistet, sind die besten Voraussetzungen gegeben um geteilte Wissenschaftsgebiete zu verbinden und aus der daraus entstehenden Harmonisierung umwälzende und umfassende Zusammenhänge zu verstehen und zu verwenden.

Wie schon gesagt sind diese Kinder mit dem Hauptstrahl Gold in unseren Breitengraden eher selten. In einem Nebenstrahl jedoch, werden wir ab und zu auf Pythagoras treffen und damit mit neuen, uns unbekannten Denkthesen konfrontiert werden. Unserer Ansicht nach sind 2% eine wirklich kleine Minorität. Erfolg und Durchbruch hängt nicht an Zahlen. Grosses vollbringen, die Welt aufhorchen lassen, revolutionäre Forschungsergebnisse präsentieren und damit den realitätsbezogenen Wissenschaftsgebieten Beweise erbringen, dazu ist auch eine Minderheit fähig. Wie viele Fortschritte und Erkenntnisse haben uns Einsteins Theorien gebracht? Und vor ihm waren es seit Menschenbeginn immer wieder grosse Denker, weise Philosophen die die Menschheit mit ihrer Genialität überraschten und der Wissenschaft Einsichten aus höheren Dimensionen ermöglichten.

Die Anzahl junger Menschen unter dem Goldstrahl von Pythagoras nimmt zu. Sie sind gesegnet mit einem überdurchschnittlich hohen Intelligenzquotienten. In Zusammenarbeit mit erfahrenen Forschern machen sie mit Ergebnissen und Zusammenhängen die Welt auf sich aufmerksam. Wissensdurstig und mit einer geistigen Leichtigkeit nähren sie die Freude am lernen, am erfahren, am experimentieren von neuem, noch Unentdecktem. Pionierarbeit werden sie leisten im Erforschen und Weiterentwickeln von universeller Geometrie, von Physik, von Mathematik und Astrophysik. Viele bis heute gültige Lehren werden erneuert und den neuen Erdenergien angepasst werden. In abstraktem Denken und in der Kombination mit Zahlen blühen diese Intellektuellen auf. In diesen Gebieten sind sie zuhause und in diesen Bereichen werden sie auch ein erfülltes Berufsleben finden. Die Gesellschaft wird dadurch profitieren können, dass neue Unterrichtsformen aufgezeigt werden, in denen jeder Mensch seine mentalen Fähigkeiten ergründen und dann in alchemistischer Weise einsetzen kann.

Vorgegebene Strukturen und Begrenzungen sind ihnen Egal. Sie kommen die Welt und ihre Ansichten zu verändern. In ihrer klaren Denk- und Ausdrucksweise wird es ihnen nicht schwer fallen, mit nicht mehr dienenden Anordnungen und einschränkenden Regeln zu brechen. Daher sind ein grosses Feingefühl des sozialen Umfelds und eine gesunde Basis von Verständigung überaus wichtig. Angeboren sind ihnen ebenfalls Führungsqualitäten und Loyalität. Sie wissen, dass Erfolg versprechende Resultate nur in einem guten, harmonischen Team entstehen können und dass deshalb gegenseitiger Respekt und Wertschätzung das non plus ultra sind.

Damit diese hervorragenden Begabungen gelebt und zum Ausdruck gebracht werden können, benötigen auch sie Raum und Zeit für Erkenntnis und Entfaltung. Sehr oft in sich gekehrt sind diese Kinder / jungen Menschen mit ihren Gedanken, Wünschen und Visionen gerne allein und dadurch besteht die Neigung zur Abkapselung und daher die Gefährdung als Einzelgänger zu vereinsamen. Wir alle brauchen Austauschmöglichkeiten, wünschen uns Partner, Familien sowie ein soziales Umfeld in denen eine anregende, konstruktive und emotionale Verständigung keinen Seltenheitswert haben. Für die Kinder/Menschen unter Pythagoras Strahl bedeutet dies nicht selten eine grosse Aufforderung, weil ihre Verstandesebene auf einem viel höheren Niveau angesiedelt ist und sie sich deswegen sehr oft unverstanden und demzufolge ausgegrenzt fühlen.

Als Geistesakrobaten sich in einer sehr oft abstrakten Welt bewegend, ist ein förderlicher, erdverbundener Ausgleich unabdingbar. Auf diese Weise wird es ihnen gelingen in ihren wirklichen Dienst hineinzuwachsen und ihren Fähigkeiten gerecht zu werden. In Sportaktivitäten die ihnen zusagen, lernen sie ihren physischen Körper kennen und stärken und so mit dem Geist in eine Einheit bringen. Ebenso wichtig ist eine regelmässige, gute und ausgewählte Nahrung. Hier sind beispielhafte und konsequente Vorgehensweisen der Eltern, sowie des ganzen Umfeldes von erstaunlichem Einfluss.

Ebenfalls eigen ist ihnen ein Hang zur Perfektion. Im Zusammenhang mit den Forschungsgebieten ist dies ganz verständlich. Die Gefahr von Selbstverurteilung kann sich dadurch steigern und Mangelerscheinungen in der Selbstliebe und Selbstakzeptanz fördern. Dieses Gefahrenpotenzial bezieht sich auf einen grossen Teil der Bevölkerung. Umso gnadenvoller sind die Augenblicke in denen wir erkennen, dass eine laufend angestrebte Perfektion uns meistens von grossen Leistungen abhält. Eine wirkliche Zufriedenheit über das Geleistete kann nie entstehen wenn die Fehlersuche stets Priorität Nummer eins geniesst. Das heisst nicht, dass unser Bestreben nicht vortreffliche, mit ganzem Einsatz geleistete Arbeit sein soll, sondern, dass wir uns in erster Linie über das gut gelungene von Herzen freuen dürfen, dann erst analysieren und aus dem weniger guten lernen, es besser zu machen. Hier entsteht wachsende Selbstliebe und Nahrung für eine gesunde Entwicklung des Selbstvertrauens.

Zurück zu den Kindern Pythagoras. Unschätzbare Werte sind Eltern, Begleiter und Menschen, die diese Kinder, und jungen Erwachsenen in ihrer Eigenart mit einem vollumfänglichen JA annehmen können und ihnen das Gefühl vermitteln, dass alles gut ist, wie es ist und sie dahin führen, dass auch ihnen ein vollumfängliches JA zum Leben, zu ihrem Leben gelingt.

Ich, wir alle wünschen uns Menschen mit einem riesigen Einfühlungsvermögen, mit einem grossen Mass an Geduld, sowie einem unerschöpflichen Liebesspeicher für diese Protagonisten, die in ihrem "Anderssein" in einer so wichtigen Mission unterwegs sind, um der Menschheit zu dienen in der Vermählung der Verstandeswissenschaft mit der spirituellen Wissenschaft.

Carl Gustav Jung

Orange

Kraftvoll funkelt ein Strahl in Orange
Schenkt Tiefe, schenkt Wärme,
schenkt Allumfassendheit
Dringt ein in die Materie
der Gedanken und Gefühle
Sucht die Quelle,
die Vollkommenheit der Harmonie
Findet in der Entwicklung
die Vollendung mit der Schöpfung

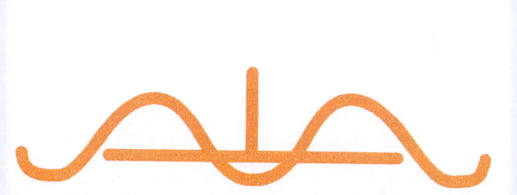

Channeling von Carl Jung

Wir sind die Energien Carl Jung. Carl Gustav Jung, unter diesem Namen, in den Energien dieser Schwingungsfrequenz wandelten wir auf eurer und unserer geliebten Erde. Wir grüssen euch jetzt aus anderen Dimensionen, eingebunden als Teil des Grossen Ganzen. Wir fühlen uns geehrt. Es ist uns eine Ehre, mit unseren Erde Einsichten und Erfahrungen im physisch- psychisch- spirituellen Bereich, einen höchst wertvollen Beitrag zu einem wachsenden Seele-Mensch-Bewusstsein beizutragen.

Wie haben wir zu unseren physischen Lebzeiten gerungen, man könnte sagen, zum Teil gegen den Wind gekämpft, um der Menschheit die Wichtigkeit der Wahrheit des Seelenausdruckes aufzuzeigen, um ihnen die Erkennung, die Bestätigung und die Bewusstwerdung dieser Körper-Seele-Geist Dreiheit zu veranschaulichen. Nur in dieser bewusst integrierten Dreiheit, im Erlebnis dieser Verschmelzung, gelingt es dem Menschen ein Leben in Freude, in Frieden und in Freiheit zu leben und zu geniessen. Es ist dies eine Existenz in den höchsten Schwingungen, in den Liebesschwingungen der Allverbundenheit, des ALL-EINS-SEINS.

Damit dies eines Tages zu einer Realität, zu einer gelebten und lebbaren Wirklichkeit werden kann, wurde zu Anbeginn eurer geplanten Seele - Mensch Gegenwart ein unschätzbarer Same, wir möchten fast sagen, der kostbarste aller Samen, in euer Herz gepflanzt. Hier im Garten eurer Seele wurde behutsam der Same der Liebe, der allumfassenden Liebe, der bedingungslosen Liebe, gelegt. Mit dem Geschenk dieses Liebesenergiesamens, dieser Gottheit in sich, tritt jeder Mensch, in jeder neuen Erdeninkarnation seinen Erdenweg an, mit dem grossen und einzigen Ziel, diesen Samen der Liebe zu einem Liebesfreudenlebensbaum wachsen zu lassen. Dieser kostbarste aller Keimlinge benötigt für sein Gedeihen selbstverständlich auch die sorgfältigste Fürsorge. Nur in einem ununterbrochenen Hegen und Pflegen, einem Achten und Beachten liegt die Garantie einer gesunden und stetig wachsenden Entwicklung. Dieses Wissen und diese Einsicht liegen ebenfalls fest verankert in der DNA Struktur des Seelenliebessamenkerns. Wir drücken dies so aus, damit ihr es besser verstehen und mit eurer Vorstellungskraft nachvollziehen könnt. Bildlich gesehen, mit euren Augen gesehen, sehen wir eine Blume, die einzigartige, Blume des Lebens vor uns. Erdbezogen, naturbezogen, könnt ihr betrachten, auf welch unterschiedliche Art und Weise die Lebensblumen sich entfalten. Ob klein, zart, filigran, in pastellenen Tönen, nur für besonders helle, achtsame Augen sichtbar oder kräftig leuchtend, gross, stark und Platz einnehmend, ist alles anwesend. Und doch, es gibt keinen Unterschied, in allen liegt genau die gleiche Energie, die kreativ-schöpferische Liebesenergie.

Eine Bitte, eine innige Bitte möchten wir an euch richten. Belebt euch als Menschen wieder, belebt eure Seele, kümmert euch um eure Seelenwurzeln! Bei vielen ist der Seeleliebessamen am darben. Im Zufluss der Nahrung liegen blockierende, störende Elemente. Eine ungesunde Entwicklung kommt so in Gang. Wacht auf und befruchtet euch wieder. Geht zurück zur Wahrheit, zur Seelenausdruckswahrheit! Dadurch kann sich die Leichtigkeit des Seins erneut entfalten und euer Fokus wird auf die Blütenpracht eurer Seelenblume, eures Seelengartens gelenkt.

Gewalt, Rauheit, Schuld und Masslosigkeit tragen in sich die Wut zur Zerstörung und dies sind die Energien des Todes. Vergehen, die das gegenständliche Ableben oder die Verstümmelung der Seele in einem physisch, psychisch oder spirituell kranken Körper bedeuten können.

In jedes Menschen Hand liegt sein eigenes Schicksal, sein einziges Leben. "Jeder ist seines Glückes Schmied" sagt ihr. Was willst du, du oder du, für ein Lebensgefühl haben? Wie kräftig, bunt und leuchtend darf deine Seelenliebesblume ihren Duft verströmen? Wie herausragend, tief, kräftig und stabil können sich deine Wurzeln bilden? Das Ziel des Lebens, deines Lebens, ist es wert in Freude, in Kongruenz der Seele- Mensch- Körper- Einheit anzustreben und dadurch mit dem Urglücksgefühl in Vernetzung, in Verbindung zu sein. Nicht nur ab und zu, nein, in einer stetig zunehmenden Verdichtung.

Alles ist möglich! Glaubt und vertraut uns. Wunder können und dürfen geschehen. Die Wunschverwirklichungsenergie liegt in euch. Sie wartet nur darauf abgeholt zu werden, um sich zu entfalten und aufblühen zu können. Ohne eure willentliche Bereitschaft an euch zu arbeiten, wird nichts geschehen. Die Seele schenkt euch im Aussen wertvolle Erfahrungen. Die Glückseligkeit aber werdet ihr nur in eurem Innern finden. Deshalb braucht es die in Ganzheit übernommene Verantwortung, eure Selbst-Verantwortung. Es verlangt eine verbindliche Vereinbarung in einer absoluten Integrität, die Wahrheit, eure Seelenwahrheit zu erkennen, zu lernen sie umzusetzen und in diesem ureigensten Seelenausdruck fried- und freudvoll durchs Erdendasein zu wandern.

Wir wünschen euch den Glauben und die Kraft eure Seelenwunschverwirklichungsenergie vertrauensvoll voranzu-

treiben und letztendlich nach Hause zu finden, in die Dreiheit der Mensch- Seele- Geist- Einheit. Wir sind Jung.

Spiritueller Führer: Carl Gustav Jung

Farbstrahl: Orange

Vorkommen: 3%

Eigenschaften: Integration von Körper und Mind, Psychologie

Bitte lasse vor deinem inneren Auge einen Sonnenuntergang entstehen, von deren bezaubernden Schönheit du dich mit Sicherheit schon viele Male fesseln liessest. Diese orange Kugel, die zuerst noch ganz, dann immer kleiner werdend, eine Leuchtkraft an den Himmel malt, die uns jedes Mal neu berührt und uns zu einem andächtigen Betrachter werden lässt. Wenn die Sonne in unseren Breitengraden sich vom Tag verabschiedet, der Dämmerung und später der Nacht Platz macht, erleben die Menschen auf der anderen Seite des Planeten das gleiche beeindruckende Schauspiel im Sonnenaufgang, im Start zu einem neuen, verheissungsvollen Tag. In einem ewigen Kreislauf von Neubeginn und Abschluss, Tag für Tag!

In dieser Symbiose von Neubeginn und Abschluss bewegen wir uns von der Stunde der Geburt, bis hin zum Übergang in die andere Welt, am Ende unserer Erdenzeit. Während dieser unterschiedlich langen Zeit entwickeln wir uns stufenweise. Diese Entwicklungsstufen sind aufgebaut mit dem von uns ausgesuchten Material von Erfahrungen, bestehend aus unzähligen Fehlern, von Grenzen überschreitenden Wagnissen, von gesuchten Risiken auf verschiedenen Ebenen, aus den eventuell daraus entstehenden Abstürzen, vom Kampf verborgener Ängste, die sich wie Raubtiere aufbäumen und sich mit einer ungeheuren, ausdauernden Kraft dagegen wehren, die Kontrolle zu verlieren. Wir erleben Zeiten in denen unser Ego einen harten Kampf kämpft, weil die schlimmste seiner Vorstellungen die ist, die Kontrolle und damit die Macht zu verlieren.

Dann erleben wir Entwicklungsstufen in denen die Bauarbeiten mit grosser Leichtigkeit vorangehen, wo sich alles harmonisch ineinander fügt und das Leben die reinste Freude ist. Rückblickend gesehen entdecken wir, dass wir zu diesen Zeiten andere Materialien verwendet haben. Die Bausubstanzen setzten sich vorwiegend aus Liebe, Glauben und Vertrauen zusammen. Wir ergründen die Zusammenhänge von Ursache und Wirkung und realisieren, dass es Freuden und Leiden braucht um Verstehen zu lernen. Für die angestrebte Stabilität, die letztendlich auf der ganzen Lebenslinie gesuchte Verbindung und Einheit von Körper und Mind ist, benötigen wir einen fortwährenden Antrieb. Wie sagte Albert Einstein: "Das Leben ist wie ein Fahrrad: Man muss sich ständig fortbewegen, wenn man das Gleichgewicht nicht verlieren will." Deshalb ist die schöpferischste und fruchtreichste Lebensschulung die Entdeckungsreise zu unserem wahren Selbst.

Carl Gustav Jung lebte von 1875 - 1961. Als Koryphäe in Medizin und Psychologie schrieb er Geschichte. Er tauchte ein in die Faszination "Mensch", ergründete, erforschte, experimentierte und staunte über das einzigartige Kunstwerk. Seine Thesen liessen aufhorchen, begeisterten die Einen und liessen die Anderen sich zum Kampfe rüsten. Wie alle Forscher war auch Carl Jung begeistert von seiner Arbeit und setzte alles daran, immer mehr lebende Beweise seiner Lehrsätze zu sammeln und darzulegen. Sein Interesse zum Wesen Mensch, gepaart mit Geduld und einem enorm grossen Einfühlungsvermögen, liessen ihn in seiner Arbeit auch zu beeindruckenden Entschlüsselungen kommen. Die wohl bekannteste ist, dass der Mensch nur in einem stabilen Gleichgewicht sein kann, wenn die Dreiheit von Körper, Geist und Seele in einer Einheit schwingen. Er begriff dies und wies die Menschen darauf hin, dass Heil sein, Heil werden und Heil bleiben mit steter Arbeit an sich verbunden ist. Er sah sich als stützender Begleiter, als Führer auf den richtigen Weg, doch die Schritte dazu musste und muss jeder selber tun. Heute noch erhoffen sich zu viele Menschen, ihre gewünschte, ihnen zusagende Lebenssituation von ihrem Therapeuten auf dem Tablett serviert zu bekommen.

Carl Jung war überzeugt vom Durchbruch seiner Heilmethoden, in denen er den Einfluss der Schwingungen im Körper, aus Erfahrungen der Seele aus früheren Leben, genetischen Familien und Ahnenmustern, sowie des kollektiven Bewusstseins erkannte und in dieser Kombination die Menschen auf den Gesundungsweg brachte. Doch all' dies gelang und gelingt auch heute nur durch das wahre Allheilmittel und das ist und war stets die LIEBE.

Zu allen Zeiten wurde bekämpft und vorerst zurückgewiesen, was nicht der gesellschaftlichen und wissenschaftlichen Norm entsprach. Was zielorientierte Menschen aller Epochen auszeichnet, ist ihr beharrliches, kontinuierliches Weitergehen, getragen und geführt von einer auffallenden Willenskraft, von Disziplin und von einem unerschütterlichen Glauben an beweisende, positive Ergebnisse. So sind wir heute Carl Gustav Jung dankbar für seinen unermüdlichen Pioniergeist in der Erforschung Mensch.

Orange leuchtet der Strahl in der Verbindung mit der Seelenessenz von Carl Jung für den Beistand und die Begleitung der Kinder des sechsten Strahles. Ihr Aufgabenbereich wird darin bestehen mit neuen Ideen, neuen Theorien und neuen Therapieformen die Bereiche Psychologie und Psychiatrie zu beleben. Vernetzungen zu erschaffen, die Schul- und Naturmedizin nicht mehr getrennte Wege gehen lässt, sondern beide Wissenschaftsgebiete zu vereinen und zum Wohle aller einzusetzen. Eine in dieser Hinsicht fruchtbringende Zusammenarbeit lässt uns hoffen und trägt in sich das Kraftpotenzial in einer fernen Zukunft, die Menschheit von den Plagen unzähliger, schwerwiegender Krankheiten, die heute zum Teil noch am zunehmen sind, zu befreien.

Angeregt durch Einsichten und Erkenntnisse in der jüngeren Vergangenheit, in denen die Macht der Gedankenkraft, immer verbreiteter thematisiert wurde und wird, ist eine wachsende Zahl von Menschen aus allen Berufsgattungen daran, die mentale Kraft zu analysieren, zu trainieren und in den Alltag zu integrieren. Bis zu einem gewissen Grade trägt jeder Mensch in sich die Begabung sein eigener Mental- und Erfolgstrainer zu werden.

Gelenkt von den Energien der Gedanken, bewegt sich der Fluss der Gefühle in die eine oder andere Richtung. Die Erzeugnisse davon bekommen wir postwendend zu spüren. Menschliches Erdendasein bedeutet Lern- und Heilprozesse bis zum letzten Atemzuge.

Die Kinder/Menschen des orange Strahles, auch sie eine Minderheit mit 3%, sind alle gesegnet mit einer ihnen angeborenen Lebensfreude, sowie mit einer bemerkenswerten Selbstachtung, die sie auch zum Ausdruck bringen können. Dies ist ein Bereich einer Vorbildfunktion, der für die Allgemeinheit erstrebenswert ist und nicht durch eine Fehlinterpretation von Ego verwechselt werden sollte. Ein gesundes Selbstvertrauen hat nichts mit Egozentrik zu tun. Eine angestrebte Ausgeglichenheit, ein mit beiden Beinen, stark verwurzeltes im Leben stehen und bestehen, entspringt nur aus der Schöpfung und Verbindung der inneren Kraft. Mit ihrer gutmütigen und zugleich aktiv vorwärts strebenden und zielorientierten Art, finden diese Kinder den Zugang in die Herzen der Menschen sofort.

Für Staunen sorgen sie, wenn sie schon in jungen Jahren wie kleine Gelehrte auftreten und mit einer Selbstverständlichkeit komplexe Zusammenhänge der Seelenwissenschaft erklären. Kindliche Neugier und Aufmerksamkeit lässt sie schon ganz jung Wissen speichern, von dem wir annehmen, dass es Kinder nicht interessiert. So verblüffen sie uns mit der Reinheit ihrer Gedanken, sowie der Bewusstheit über die Energien des gedachten und gesprochenen Wortes. In kindlicher Natürlichkeit drücken sie aus was sie wahrnehmen und bieten im gleichen Atemzug eine Veränderungs- oder Lösungsmöglichkeit an. So lieben sie ansprechende Gespräche und fühlen sich daher in Diskussionsrunden von Erwachsenen sehr wohl. Hier möchte ich auf die Gefährlichkeit aufmerksam machen, dass sich daher leicht eine Überforderung von Seiten der Eltern und Erzieher einschleichen kann. Wohldosiert sollte ihr Wissen geweckt und gefördert werden, doch stets in Anbetracht, dass sie nicht kleine Erwachsene sind, sondern Kinder, die das Recht auf ein unbeschwertes Kindsein haben. Die Forderungen der Erwachsenenwelt kommen noch früh genug auf sie zu.

Ihre Leidenschaft ist der Mensch in seinem "Menschsein". In jugendlichen Jahren gelten ihre ersten Beobachtungen und Analysen sehr oft ihrer eigenen Person und es gelingt ihnen schon ganz gut ihre emotionalen Gefühle und die Reaktionen darauf auszuwerten und zu erklären. Hinsichtlich dieser Fähigkeiten und Lieblingsbeschäftigungen ist ihre berufliche Laufbahn klar. Es zieht sie in die Forschung "Mensch".

Das neue Jahrtausend wird uns in den Entschlüsselungen von neuen Verknüpfungen, von neuem Wissen rasant voranbringen. Von mental verursachten Krankheiten, über die emotional gesteuerte Hormonzentrale, zu vererbten Mustern und Einprägungen, die das Leben hemmen und den Menschen an Körper, Geist und Seele krank werden lassen, werden Erkenntnisse zu viel versprechenden Heilmethoden und Richtungswechsel auf uns zukommen. In diesen Gebieten werden sich die Kinder/Menschen unter der Führung von Carl Gustav Jung profilieren. In Forschungsergebnissen werden sich neue Wege auftun. Neue Therapieformen werden Lösungen vorschlagen, die dem Beziehungs- und Gesellschaftsdruck die dringend nötige Erlösung bringen kann. Eine völlig veränderte Betrachtung des Zellgedächtnisses wird viele bisherige medizinische Erklärungen umwerfen und der Menschheit die Türen zu einem Dasein in Liebe, in Freude und der persönlichen Freiheit öffnen.

Sie, die Menschen unter dem Orangestrahl gehen uns voran, in der totalen Überzeugung, dass nur eine Liebesbeziehung mit der Seele diesen unbeschreiblichen, verinnerlichten Liebesausdruck in unseren Körper zaubern kann. So bringen sie uns die gute Nachricht für eine neue Bewusstheit, ein neues Bewusstsein und für ein neues Verstehen des Lebens. Hiermit wird ein Fluss der Fülle für alle möglich werden. Ein Wunschtraum? In Zukunft erfüll- und erreichbar, sofern wir unsere grössten Investitionen in uns anlegen. Wenn unsere Seelennahrung aus Liebe, Glauben und Vertrauen besteht und unsere ganze Kraft in die Reinheit und Klarheit der Gedanken fliesst, dann kann sich daraus ein Gefäss formen und der neue, einheitliche Mensch entsteigt ihm, wie der Phönix aus der Asche. Carl Gustav Jung hatte grosse Visionen. Die neuen Kinder/Menschen haben sie auch! Und du?

Laurita

Pastell-Pink

Pastellen Pink leuchtet
Lauritaslicht
Im feinsten Liebesstrahl
Weicht alles auf was verhärtet ist
In Liebesgnadenkraft
Dringt ein ins Innerste
Zum Kern
Mit Gnadenliebesenergie
Erweckt, befreit und heilt

Channeling von Laurita

Wir sind Laurita. Erzengelgöttin der Gnade. Wir begrüssen euch. Mit einer ganz besonderen Freude drücken wir hier und heute unsere Worte der Liebe und der Gnade an euch aus. Es wird jedes Mal "hier und heute" sein, wenn ihr diese, unsere Worte vor Augen habt, lesen und in eure Herzen fliessen lassen werdet. Es sind Sätze, die auf einem direkten Weg in euer emotionales physisches Herz und in euer spirituelles Herz, das Herzchakra, fliessen, und den Eingang in den tiefsten Kern, euren Seelenkern finden. Es sind die reinsten Energien einer Liebe, in der das absolut höchste, grösste Potenzial einer Wandlungskraft liegt. Diese Herzenswärme dürft ihr euch als Antriebswelle vorstellen, für eine Konstante von Lebensfreude, von Lebenslust, für das Wohlgefühl, das ihr als Glückseligkeit bezeichnen würdet.

Was ist denn nun so anders, so ausserordentlich an dieser Liebesform? Es ist dies ein unzertrennliches Paar, fast möchten wir sagen ein eineiiges Zwillingspaar. Abgefasst und für euch dinghaft gemacht in den feinsinnigen Worten der Gnadenliebe und der Liebesgnade.

Fliesst nun dieser vereinigte Liebesgnadenstrom durch eure Körpermeridiane, kommt dies einer qualitativ höchsten Nahrungszufuhr gleich. Es ist "DIE NAHRUNG", die bekömmlichste, die geschmackvollste und nur aus den wertvollsten Zutaten bestehende. In ihr liegt die Garantie für ein Leben der Freude, ein Leben der Leichtigkeit, ein Leben in einer vollkommenen Gesundheit von Körper - Geist - und Seele. Welches menschliche Wesen trägt dieses Verlangen nicht an erster Stelle seiner persönlichen Wunschliste ein? Es war dies das Wunschbild, der Wunschgedanke, die Wunschverwirklichung des Schöp-

fers bei der Erschaffung seines Erdenparadieses, mit dem Menschen als Kronjuwel seiner Schöpfung, seines Abbildes.

Die Zeit ist nun wieder da, in der die Menschen sich rückbesinnen und langsam, doch in gezielten, klaren Schritten die Bewusstheitsstufen hoch gehen. Schritt für Schritt Bewusstheitsarbeit an sich vornehmen. Wir nehmen wahr, wie die Entschlusskraft wächst, in die Eigen- in die Selbstverantwortung zu gehen. Dadurch und nur dadurch kann, darf und wird sich das vorherrschende Weltbild verändern. Viele haben die ersten wichtigsten Schritte für einen bewussten, umwandelnden Wechsel bereits begangen. In anderen werden diese Worte Resonanz erzeugen, Mutlosigkeit auflösen und eine Kraft aufbauen, die sie für Erkenntnisse und einer bewusst getroffenen Entscheidung benötigen. Die Befreiung, die Loslösung aus diesem selbst erzeugten Gefängnis liegt in der totalen Annahme und Einverleibung folgender Einsichten:

Ich bin ein Kind Gottes

Ich bin ein Kind der Liebe

Ich bin ein Kind des Lichtes

Ich bin ein Kind der Freude

Ich bin ein Kind der Leichtigkeit

Ich bin ein Kind des Friedens

Ich bin ein Kind der Schönheit

Ich bin ein Liebesgnadenkind

Ich bin ein Gnadenliebeskind

Mein Schöpfer liebt mich

Meine Seele liebt mich

Ich liebe mich

In der Liebe zu mir, finde ich zur Liebe meiner Mitmenschen, meiner Miterdenreisenden.

In diesen kraftvollsten Worten, gedacht, gelesen, ausgesprochen, immer und immer wieder, bis zur völligen Integration auf allen Ebenen, liegt das Wachstum, euer Wachstum. Es bedeutet die Grenzenlosigkeit in das Leben, das ihr euch wünscht, mit grosser, tiefer Sehnsucht begehrt. In euch liegt das Potenzial, die schöpferische Kreativität, die es dazu braucht. Wacht auf, begreift und ergreift die grösste aller Chancen!

Wir sind Laurita, die Erzengelgöttin der Liebesgnade und der Gnadenliebe. Wir sind stets bereit zu dienen, mit euch den Weg der Erlösung, den Weg zurück in ein Seelen - Mensch Paradies zu gehen. Segen!

Spirituelle Führerin: Laurita

Farbstrahl: Pastell-Pink
Vorkommen: 3%
Eigenschaften: Seelennahrung, Schutz
Verbindung: Engel

Engel sind Wesen, Licht- oder Energiewesen, die nie oder nur in ganz seltenen Fällen in einem menschlichen Körper auf der Erde wandelten. Wir kennen sie als unsere Vermittler und Verbindungsglieder zwischen dem Diesseits und dem Jenseits. Klar, rein und liebevoll umhüllen sie unsere Energiekörper mit einem Liebeslichtmantel. Jede Mutter und jeder Vater erzählt irgendwann seinem Kind von diesen himmlischen Boten, von ihrer Schutz- und Begleitfunktion, die uns von der Stunde der Geburt bis hin zum Übergang sicher ist. Engel sind nicht an eine Religion gebunden. Wir alle erleben immer wieder bewusst und unbewusst diese sanften, weichen und zugleich sehr kraftvollen Energien die uns umgeben. Wir rufen sie in bedrohlichen Situationen oder erkennen ihre Anwesenheit nach gut überstandenen Gefahrenmomenten.

Unzählig an der Zahl und unterschiedlich in ihren Aufgabenbereichen gehören sie der Universellen Ganzheit an und somit in den vollkommenen Schöpfungsplan Gottes. Es gibt viele wunderbare Engelbücher und Karten, die die grosse Vielfalt dieser Schöpfungsform erklären und jedem dafür offenen Menschen den Weg in eine bewusste Sinneswahrnehmung aufzeigen oder wieder zugänglicher machen.

Viele tiefe und eingreifende Erlebnisse habe ich selbst erfahren, andere wurden mir von Menschen berichtet, die ihr hilf- und segensreiches Dasein in mannigfaltigster Art erleben durften.

In den Mysterien Engel verfügen wir über ein Geschenk des Schöpfers, das wir für Notrufe und zu Problemlösungen jederzeit in Anspruch nehmen dürfen. Dabei sollten wir nicht vergessen, dass Engel Freunde sind und Freunde lieben es mit uns Freude und Spass zu teilen, erdbezogen natürlich. In der Freiheit der Wahl können wir diese lebendige Information in und um unseren Körper benutzen oder nicht. Allzeit bereit uns zu dienen, warten diese lichten Kräfte nur auf unsere ausgesendeten Signale, auf einen einzigen Gedanken, in dem wir um ihre Anwesenheit, um ihre Hilfe und Unterstützung bitten.

Obwohl wir sie nicht sehen und berühren können, Engel sind uns vertraute Wesen, sie bringen Himmel und Erde und Menschen zusammen. Wir kennen sie als frohe Botschaften verkündende Lichtgestalten, als Nothelfer, wie als machtvolle Beschützer. Kaum jemand hegt Zweifel über ihre Existenz. Und diese Gewissheit um ihr Dasein lässt das Licht der Hoffnung in uns immer wieder aufleuchten, lässt in mühevollen Zeiten Ruhe und Gelassenheit in uns einkehren und auf wundersame Weise Vertrauen aufbauen.

Die von vielen Menschen für eine lange Zeit in den Hintergrund verdrängten verborgenen Himmelskräfte erhalten nun im neuen Zeitalter durch eine wachsende Bereitschaft für eine bewusste Zusammenarbeit wieder die Gelegenheit vermehrt zu wirken. Ihr Wirkungsgrad sowie ihr Wirkungsfeld stehen im Zusammenhang mit unserer Herzens Offenheit.

Ein zartes pastellenes Rosa ist der Farbstrahl unter dessen Schutz und Führung die Kinder von Laurita, einem universellen Erzengel der Gnade, ihren Weg antreten. Unsere Empfindungen mit der Farbe Rosa sind verbunden mit Sanftheit, mit Weichheit, mit Zärtlichkeit. Es sind Gefühle von Herzlichkeit die in uns aufkommen und die wir der Liebe zuordnen. Wer also mit Lauritas Energien in Berührung kommt, fühlt in sekundenschnelle Veränderungen in seinem Energiefeld. Es fühlt sich an wie ein wohltuendes, reinigendes und energetisierendes Vollbad in einer Engel Wellnessoase. Ein Tanz auf Wolken in allen Rosafarbnuancen schwebt uns vor, inszeniert von einem himmlischen Ballet unter Lauritas Choreographie. Ja, Laurita weiss was Menschen brauchen und suchen. Es ist Gnade, Selbstgnade vereinigt mit Selbstliebe. So liebevoll sanft ihre Energien sind, sie tragen in sich eine ungeheure Kraft altes, verhärtetes und verkrustetes aufzulösen.

Frank Adamis Alper erklärte Gnade als ein bedingungsloses Annehmen seiner selbst, wie der Mitmenschen. Bedingungslose Liebe zu mir und zu allen Lebewesen in jeder Situation und jederzeit, das wird wohl noch für lange Zeit ein Wunschtraum bleiben. Was uns jedoch nicht hindern sollte, immer wieder daran zu arbeiten, daran zu glauben und uns diesem Herzenswunsch zu nähern.

So erleben wir die Kinder aus dem pastell-pink Strahl als engelhafte Wesen, die schwer in das raue Weltgeschehen passen und dadurch ihre liebe Mühe haben und sehr oft durch ihre Sanftheit und Lieblichkeit, die sie ausstrahlen auf Abwehr stossen. Überaus weichherzig, feingliedrig, friedliebend, mit einer engelhaften Ausstrahlung haben sie den Dienst übernommen uns Menschen wieder zur Pforte unserer persönlichen Engelhaftigkeit zu führen und das Vertrauen in die Kraft der Seele zu fördern. Gleichzeitig möchten sie unsere Aufmerksamkeit auf die Vermittlerrolle der Engel zwischen Gott und den Menschen lenken.

Ihr Hauptanliegen jedoch ist uns hinzuweisen auf die unbeschreibliche Macht der Liebe, auf die wahre Definition von Liebe und ihrer unvergänglichen Wirklichkeit. Jeder Mensch ist ein aus der Schöpfergottliebe erschaffenes Wesen. Der Weg zur Manifestation von Liebe führt über unser Herz. Nur durch die uns selbst geschenkte Liebe werden wir befähigt, anderen wahre Liebe zu schenken. Oft sagen wir Liebe und meinen Sexualität. Ein Teil unseres Lernprozesses im Leben besteht darin, uns von den karmisch emotionalen und sexuellen Interpretationen zu verabschieden, um uns der wahren Liebe, der Gnadenliebe zuzuwenden, die in einer direkten Linie in und aus unserem Herzen fliesst. Im Garten der Seele angesiedelt und angereichert durch die Essenzen von Selbstachtung, von Selbstliebe und von Selbstvertrauen entstehen die berauschenden Düfte, die durch ihre Verströmung uns Lebenslust und Lebenskraft verleihen.

Mit der ganzen Kraft ihrer Liebesdienstseele berühren die Kinder von Laurita die Menschen. Ihre in Reinheit ausgesandten Schwingungen streichen nicht immer nur harmonische Saiten an. Lange nicht jedes Kind, jede Frau, jeder Mann vertragen ihre Liebesschwingungen. So sehen sie sich oft konfrontiert mit einer ihnen unverständlichen Ablehnung. Sie bringen gar kein Verständnis auf für Gewalt und streitsüchtiges Machtgehabe, sowohl im Sinne von Völker verbindend als auch im kleinen Kreise. Selbst erfahrene, wie anderen zugefügte, Lieb- und Respektlosigkeiten lassen sie leiden. Sie sind Friedensengel, Trostspender, Therapeuten der Liebe für alle beseelten Wesen. Ihre grösste Herausforderung besteht darin, vom Liebesengel nicht zum Missbrauchsopfer zu werden. Viele von ihnen sind eher scheue Kinder und sind in ihrer Art zurückhaltend und bescheiden. Dies wiederum kann dazu führen, dass man sie nicht oder zuwenig wahrnimmt. Sie vereinsamen und die ihnen dringend nötige Liebe und Zuwendung bleibt ihnen verwehrt. Sie gehören zu den Strahlenkindern, die durch die mangelnde Kompatibilität mit den Erdschwingungen besonders Mühe haben. Laute Geräusche und Unruhe vertragen sie schlecht. Als Babys und Kleinkinder weinen sie oft und können die Ruhe und den Schlaf nicht finden.

Durch ihre ausgeprägte Empfindsamkeit reagieren sie auf jede noch so kleine Unstimmigkeit. Mit einem Feingefühl ohnegleichen realisieren sie zwischenmenschliche Probleme sehr schnell, übernehmen Verantwortung, kreieren Schuldgefühle, auch wenn es sie nicht betrifft und verlieren den Boden unter den Füssen. Für eine heilkräftige Entwicklung ist deshalb eine ausgeglichene, friedvolle, stabile, und Geborgenheit schenkende Umgebung enorm wichtig. Nicht zu unterschätzen sind schon frühzeitige Hinweise und Lernübungen für Abgrenzung und Schutz vor Negativität.

Engel wollen helfen, wollen heilen, wollen Liebes und Gutes tun. Mit jeder Faser ihres Herzens zieht es sie in Richtung Hilfe suchender oder Not leidender Kreaturen. Sie heilen mit allen Sinnen und dies schon ganz früh in einer unbeschwerten und unbewussten kindlichen Art. So haben sie eine magische Anziehungskraft für jedes Heil suchende Lebewesen, ob Mensch oder Tier. Überall wo Lebewesen auf Mitgefühl hoffen, wo Liebe ohne Erwartung geschenkt wird, wo Geduld unabdingbar ist, da sind die Gnadenliebeskinder von Laurita gefragt. Nehmen wir also frohgemut unseren Dienst an diesen Seelen wahr und beschützen wir sie, soweit es in unseren Möglichkeiten liegt, vor Ungemach und fördern, dem Alter entsprechend, ihre schier unbegrenzten Liebesfähigkeiten.

Lady Nadja

Zartes Gold
Schenkt Heimat Dir
Im Erdenengel - Feenreich
Beglückt, verzaubert
gross und klein
Als Seelenelixier
In reinster Seelenheilmanier

Channeling von Nadja

Wir sind Nadja, liebe- und respektvoll werden wir von vielen auch Lady Nadja genannt. Es hat keine Bedeutung in welcher Form ihr uns ruft oder Verbindung sucht, nein unser Hauptanliegen ist, dass ihr uns ruft, dass ihr unseren Kontakt sucht.

Wir grüssen euch und sind erfüllt von Freude uns euch mitzuteilen. Mit- Teilen, heisst etwas miteinander teilen. Hier in unserer Begegnung teilen wir eine Energieverschmelzung, eure sichtbare erdreale Energie in einem Körper-Mensch Dasein sowie unsere dem Feenreich unsichtbare, doch genau gleiche erdreale Energie. Es ist ein regelrechtes Abenteuer und macht unvorstellbaren Spass einzutauchen in einen regen Austausch mit euch und kollektive Erfahrungen zu machen.

Vieles hat sich in euren bewussten Wahrnehmungen verändert. Neues - Altes Wissen darf sich wieder offenbaren, erhält wiederum den ihm gebührenden Platz der Anerkennung und des Respekts. In dieses Gebiet erneuter und zunehmend flächendeckender Bewusstwerdung, bewusster Erkennung können und dürfen auch wir, die Fee-Energien uns einreihen. Wertschätzung zu erfahren und in euren Herzen, euren Leben Einzug zu halten, erzeugt in uns ein Hochgefühl. Die Dichte zwischen unseren und euren Energien hat abgenommen, ist durchlässiger geworden. Diese Wandlung erfüllt uns mit sehr, sehr grosser Freude, findet doch dadurch eine sich unaufhörlich ausdehnende gegenseitige Bereicherung und Beschenkung statt. Es sind dies die Gemeinschaften, das Zusammenfinden, das Zusammenspiel, das Teamwork, die für die Gesundung unserer so innig geliebten und geschätzten Mutter, des Planeten Erde, von bedeutsamstem Einfluss sind und werden. Mit unserer und eurer Hilfe, mit unserer und eurer Hochachtung, in einer uneingeschränkten, bejahenden Liebe zum Leben, Liebe zu Mensch, Natur und Kreatur, wird dies machbar, umsetzbar werden.

Geliebte Menschenkinder werdet euch wieder bewusst und lasst es zu, schenkt euch die Erlaubnis in die Kräfte, in die grenzenlosen, alles durchdringenden, alles umfassenden Energien eurer inneren Kraft, eurer wahren Seelenkraft und Macht zu kommen. In euch, in jedem Einzelnen von euch liegt noch Potenzial brach, unentdeckt, nicht gelebt, ungeschöpft. Eine Seelen-Mensch Wirkungsfähigkeit von unschätzbarem Wert, von unschätzbarer Macht, von unschätzbarer Wandlungs- und Umsetzungskraft. Ihr gehört zum Menschenkreis und in euch liegen die Seelen, die ausgewählt haben zum jetzigen Zeitpunkt die Erde zu bevölkern, ihr in einem menschlichen Körper zu dienen, und Erd-Erfahrungen in den Plus- und Minusenergien zu machen. Die Energieflüsse zwischen den Welten sind fliessender und die Übergänge weicher und sanfter geworden. Dadurch sind die Sinneswahrnehmungen der Menschen zugänglicher, dem Unsichtbaren, Übersinnlichen sensitiver und klarer wahrnehmbar geworden. Gelingt es euch euren Intellekt nur ein klein wenig auf die Seite zu schieben, ihm etwas weniger Achtung zu zollen, gebt ihr der anderen Seite, der Feinstofflichen, vermehrt die Möglichkeit sich zu zeigen, sich zu entfalten und steigend stärker, auffallender in Erscheinung zu treten. Die aus solchen Erlebnissen entstehenden Sichten und Einsichten sind in erster Linie über alles beglückend. Durch die daraus gewonnene Weitsicht erhält ihr Einblick und Durchblick in das Gefüge des grossen Ganzen. Eure Bewusstseinsebene wird angehoben, ihr begreift, dass in jedem Zellkern, in jedem Lebewesen, mag es noch so klein und unscheinbar sein, Gottes Atem, der vom Schöpfer eingehauchte Lebensatem fliesst. Demnach ist alles und jedes schöpferische Energie. Energiewellen die miteinander und durcheinander fliessen, sich in jede Zelle, in jedes Atom, in jedes Elektron ergiessen, dem einen Plan, dem Göttlichen Plan, der Göttlichen Weisheit entsprechend. Dies unsere Botschaft zur Förderung von Glauben und Vertrauen, von Respekt und Wertschätzung für die Realität der feinstofflichen Wesen aus Licht und Liebe. Wir danken für eure Aufmerksamkeit, für ein Öffnen der Sinne, für ein Absolut für das Unsichtbare. Unseren Segen, wir sind Nadja.

Spirituelle Führerin: Lady Nadja

Farbstrahl: Zartes Gold

Vorkommen: 3%

Eigenschaften: Wiederherstellen von Spirit in Einheit und Balance

Verbindung: Gnome, Elfen, Feen usw.

Lady Nadja, mit diesem Namen stellte sich die geistige Leitung für den achten Strahl, in den Farben eines zarten Goldes, dem Kanal Frank Adamis Alper vor. Zartes Gold, schon beim aussprechen dieser Worte nehmen wir die Milde wahr, die darin liegt. Es fühlt sich an als würde uns ein unsichtbares, von Liebe und Beschwingtheit erfülltes Wesen die Energien der Freude und Heiterkeit zufächern. Ja, genau einen solchen pulsierenden fröhlichen und ansteckenden Ausdruck hat die Menschheit dringend nötig. Wie Herz erfrischend sind Menschen aus deren Augen der Schalk blitzt. Wie kostbar und heilsam erleben wir Begegnungen in denen uns eine lebendige Freude entgegenkommt, wo wir wie von einem Springbrunnen mit Funken von Lebenslust besprenkelt werden. Das sind Augenblicke des Glückes und Gold wert.

Hast du schon einmal tanzende Goldfäden im gleissenden Sonnenlicht beobachtet? Sie gehören zu den feinsten Wundern die die Natur wachen, bewussten Augen präsentiert, um uns von der Schwere des Alltags abzulenken und an die Leichtigkeit des SEINS zu erinnern. Unerschöpflich ist die Wunderkraft die der Schöpfer in seinen Wunderplaneten und in das ganze Universum gelegt hat. Gottes unendlich grosser Geist ist überall und so sind wir

Gottes Geist in menschlicher Form und dies befähigt uns unser Leben selbst mit dem Geist Gottes zu erschaffen. Gottes Geist ist die ganze unendliche Fülle an Liebe, an Freude, an Reichtum und Wohlergehen, das einzigartige Geschenk des Gleichgewichtes und einer Himmel-Erde Einheit und Verbundenheit.

Vor langer, langer Zeit, als die Menschen ihren Lebensalltag noch im Einklang mit der Natur gestalteten, wo die Energien der Naturwesen, der Naturgeister und der Naturkraftplätze den ihnen zustehenden Raum genossen, und im Bewusstsein der Menschen einen festen Bestand einnahmen, sorgten ein liebevolles Miteinander und Füreinander für Harmonie und Ausgleich.

In einem abgestimmten Zusammenspiel arbeiteten die Menschen und die Naturwesen in den unterschiedlichsten Energieformen um die Wette, um den Planeten Erde in Eintracht und Balance schwingen zu lassen. Dieser Wunschgedanke besteht zweifellos noch immer. Auf dem Bild einer Gesellschaft in der jeder sich nur das Allerbeste für seinen Mitbruder, seine Mitschwester wünscht, liegen im Moment noch Schattenfiguren. Um Klarheit in dieses Bild zu bringen und Tatsache werden zu lassen, benötigen wir Unterstützung und Nahrung für den Glauben an einen Durchbruch und an eine Wandlungsvollmacht.

Es ist keine Sinnestäuschung, dass uns im feinstofflichen Bereich Wesen begleiten, die wir als die Erdenengel bezeichnen können. Sie sind sozusagen die Geschwister der himmlischen Engel, die Erdbezogen wirken. Abhängig von Kultur und Land geben wir diesen Wesenheiten charakteristische Namen. In unseren Gegenden sprechen wir von Zwergen, Gnomen, Elfen und Feen, wir kennen Einhörner, Berg- Erd- Feuer- Luft- und Wassergeister, und wir rufen und bitten sie um Hilfe in ihrem jeweiligen Arbeitsbereich. Es sind Benennungen für übersinnliche Wahrnehmungen und Begegnungen, die das Leben zahlreicher Kinder und spirituell offener Menschen bereichern. Überglücklich nehme ich wahr, wie sie sich uns zunehmend zeigen und so eine visuelle Verbindung möglich machen.

Ihre unermessliche Arbeit, die sie in der Natur, im Pflanzen- wie im Tierreich verrichten liegt grössten Teils noch im Verborgenen, wird zum heutigen Zeitpunkt nur von wenigen bemerkt und estimiert und dementsprechend fliesst die Dankbarkeit und die Wertschätzung nur in sehr spärlichem Masse. Deshalb gebührt ihnen unbedingt mehr bewusste Aufmerksamkeit. Viele Aufgaben erfüllen sie unbemerkt und unerkannt. So zum Beispiel unterstützen sie uns beim Gleichgewicht unserer physischen Struktur, also unserer Körpermaterie und der seelischen Struktur. Jedem Menschen wurde bei seinem Eintritt in das Erdendasein nicht nur himmlische Engel an die Seite gestellt, nein, auch Erdenengel kamen dazu, in der Gestalt eines persönlichen Gnomen und einer persönlichen Fee. Ich weiss, dass diese Aussage bei vielen noch ein Kopfschütteln auslöst und von einem ungläubigen und bedauernden Lächeln begleitet wird. Dafür habe ich vollstes Verständnis und dies aus dem einfachen Grunde, weil sie das Hochgefühl von einer bewussten, freudvollen Begegnung noch nicht erfahren konnten. Eventuell legst du deinen Realitätssinn, oder die Überzeugung, dass nur glaubwürdig ist, was man sehen und greifen kann, einmal auf die Seite und schenkst einer kindlichen, für alles offenen Neugier Raum. Raum und Zeit hineinzutauchen in ein noch unbekanntes Reich, in eine Faszination, die einmal entdeckt, nie mehr losgelassen wird. Wunderschön wären erste Erfahrungen in dieser Hinsicht in einer geführten

Meditation zu machen. Unser Gnom wohnt übrigens im zweiten Chakra, die Fee im Solarplexus und das Einhorn im dritten Auge. Wie alle Energien können sie natürlich wandern und hüpfen manchmal freudig ins Herzchakra.

Ich habe schon erleben dürfen, wie sich kritische Männer die Erlaubnis einer Erfahrung gegeben haben und danach sichtlich gerührt von ihrem Erlebnis und von ihrem herzlichen Austausch berichteten. Solche Momente lösen Glücksgefühle aus, sind für den Erlebenden und für den Heiler, die Heilerin, wahre Geschenke.

Diese Energien ob Zwerge, Gnome, Elfen, Feen, ob Einhörner, Krafttiere oder Naturgeister, sie alle, ohne Ausnahme treten mit uns in Kommunikation, sobald wir diesen Wunsch kundtun. Wie in allen Wahrnehmungen von Übersinnlichem gilt auch hier die Regel, öffne dein Herz und lass einfach geschehen, ohne Erwartung und ohne Druck, vertraue einfach deiner Eingebung und du bist richtig. Solltest du eine solche Erfahrung noch nicht gemacht haben, wünsche ich dir von Herzen möglichst bald ein beglückendes und wahrhaftes Erlebnis.

Das neue Zeitalter des Wassermannes, ist die Epoche des Umbruchs, des Durchbruchs, der Befreiung und der Offenbarung und deshalb genau richtig für eine neue Bewusstwerdung, einen neuen Einstieg in das Elfen- und Feenreich. Damit dies flächendeckender geschehen kann, benötigen wir Verstärkung. In den Kindern des zarten Gold Strahls erhalten wir diese Unterstützungskraft.

Zu Beginn ihrer Inkarnationen siedelten sie sich vorwiegend in den Ländern Südamerikas an. Hier in den Weiten der Anden und in der grünen Lunge des Amazonasgebietes leben die Menschen noch mehr am Puls, am Herzton der Natur. Ob bewusst oder unbewusst, diese Kinder und jungen Menschen setzen sich ein, gehen ihren Weg, kämpfen gegen die Ausbeutung im Wissen, dass ihre grüne, Sauerstoff produzierende Lunge für uns alle lebenswichtig und lebenserhaltend ist. Mit überzeugender Hingabe werben sie für die Anerkennung und Akzeptanz ihrer feinstofflichen Freunde und Begleiter. Zunehmend verteilen sie sich nun auf allen Kontinenten und so treffen wir nun vermehrt auch in der westlichen Welt auf Kinder dieses Strahls.

Es sind überaus zart besaitete Wesen, mit ausdrucksstarken Augen, mit einem feingliedrigen, doch kräftigen Körper. Graziös und elfenhaft bewegen sie sich, mit einer pulsierenden Heiterkeit, die uns an die ursprüngliche Leichtigkeit erinnern soll. Die Botschaft die sie uns übermitteln wollen ist: Das Leben ist zu kurz um es in Trübsal vorbei ziehen zu lassen, freue dich deines Daseins, öffne dein Herz und alle deine Sinne, lasse Frohsinn einkehren, ziehe andere mit, denn gemeinsame Freude ist doppeltes Glück. Weiter raten sie, gehe auf Tauchstation, dahin wo die Ursprungsquelle des Liebesleichtigkeitsflusses zu fliessen begonnen hat, dahin wo die Seele auf eine bewusste Beziehung wartet und wo blockierende Gedankenstrukturen sich darauf vorbereiten aufgelöst zu werden, sich neu zu formieren für ein Zusammenfinden, ein Zusammengehen in der Trinität von Körper, Geist und Seele.

Die Leichtigkeit des SEINS erfahren, in der Leichtigkeit des SEINS seinen Lebenssinn suchen und finden, das möchten uns die zarten Goldkinder vorleben. Pure Lebensfreude sprudelt in ihnen, doch alle Beeinflussungen der Gegensätze tragen sie ebenfalls in sich. So kämpfen sie mit den gleichen emotionalen Mustern, sind instabil, traurig und verzweifelt. Dies drückt sich ganz besonders dann aus, wenn sie nicht ernst genommen werden, wenn ein müdes Lächeln ihre mit Begeisterung erzählten Erlebnisse begleitet oder sie als Wirklichkeitsfremd beurteilt werden und dadurch ausgeschlossen und gemieden werden. Hier können Wut und Trotz sie übermannen oder sie entschliessen sich für einen Rückzug und fallen in eine abgrundtiefe Traurigkeit und Resignation. Hier ist unsere bedeutungsvolle Aufgabe sie aufzufangen, ihnen die nötige Rückenstärkung zu geben und sie in ihrer Glaubhaftigkeit zu ermutigen. Einerseits haben sie diese ansteckende, schalkhafte, überschäumende Fröhlichkeit in sich und andererseits fühlen sie sich bei Ablehnung sehr schnell unsagbar tief verletzt.

In diesen Kindern fliesst eine Quelle der Liebe, besteht eine Herzensverbindung zu allem Lebendigen. Sehr oft fühlen sie sich unbewusst verantwortlich für eine Gleichberechtigung und eine Gleichstellung von einer sicht- und unsichtbaren Wirklichkeit. Zugleich kommen sie der Menschheit den Weg zu bahnen für eine physisch emotionale Heilung.

In allen Bereichen der Natur fühlen sie sich zuhause. Hier finden sie ihre Seelennahrung und erleben die erforderliche Geborgenheit. Ausgeglichen ist ihr Bedürfnis nach Kontakt und Beziehung mit den Menschen und dem Alleinsein in der Kraft der Stille. In fruchtbaren Diskussionen Mensch, Natur und Zusammenarbeit mit den Naturgeistern betreffend, verfügen sie im erwachsenen Alter über ein grosses Potenzial an Überzeugungskraft. Geben wir ihnen den Beistand in diese Kraft hineinzuwachsen.

Die Umwelt, die Rettung der Erde, die Erhaltung und Nutzung der Schönheiten und Kostbarkeiten des Planeten, sind die Tätigkeitsfelder in die es sie zieht.

Zurück zur Natur, zurück in ein von uns allen gewünschtes und angestrebtes Gleichgewicht, zurück zu den Schätzen, in denen alles Notwendige für eine körperlich- geistig- und seelische Gesundheit liegt. Zurück in die erfüllte Sehnsucht einer Allverbundenheit.

Wir haben es in der Hand auf dieses Ziel hinzuarbeiten, mit und unter uns die starken Kinder/Menschen des sanften Strahls. Sie wirken wie eine Sonne, die uns anstrahlt, die uns wärmt, die uns mit Wohlwollen und mit einem verständnisvollen Einfühlen begegnet. Schenken wir ihnen also unsere absolute Aufmerksamkeit in ihren persönlichen Herausforderungen und Schwierigkeiten, damit sie die übernommenen Aufgaben erfüllen können und dürfen.

Ivanor
Regenbogen

Im Regenbogenstrahl der Liebe
Fliesst Segen in das Erdenreich
Fliesst Segen in die Menschenseele
In seinen Körper
seinen Geist
Schöpfergott und Menschenkind
Vereint in einem Ebenbild

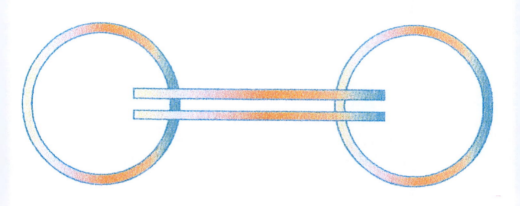

Channeling von Ivanor

Wir sind die Energien Ivanor. Wir grüssen euch. Im Zeitgeschehen von Planet Erde, von Muttergöttin Gaia, hat ein neues Denken, ein Umdenken stattgefunden und Einzug gehalten. Erde umspannend, werden die Werte einer gelebten Integrität, einer ausgedrückten Loyalität für ein förderndes Miteinander, wieder als unumgänglich erkannt und zunehmend gelebt. Die Erfordernis und die Wichtigkeit eines bewusst wahrgenommenen Seelen-Mensch- Liebesverhältnisses, einer Seele-Mensch Integrität, gewinnt an Bedeutung. Nur die Erkenntnis dieses Richtungswechsels bringt euch aus der Einbahnstrasse hinaus, auf einen neuen, auf den guten Weg in ein freudvolles, in ein sinn- und segensreiches Leben zurück.

Die lang anhaltende und über Jahre noch zunehmenden Kräfte menschlicher Allmachtgedanken, menschlichen Allmachtgehabens, wurden durch Geschehnisse in mannigfaltiger Art und Stärke etwas abgeschwächt. Die Menschheit muss wieder vermehrt erkennen, dass durch gewaltige Naturkatastrophen oder ansteigende, unerklärliche Krankheiten, seine Allmachtsgefühle sehr schnell in Ohnmachtgefühle wechseln. Solche Eingriffe in das Leben von Menschen, Tier- und Pflanzenwelt sind stets mit einschneidenden Leiden und Wunden verbunden. Sehr oft geschehen sie aus einer höheren Sicht der Dinge, einer für die Menschen im Augenblick nicht erkennbaren Übersicht und Weitsicht, der Sicht aus dem Grossen Ganzen. Wie viele Male in eurem Leben durftet ihr nach durchstandenen, durchlittenen Schmerzen und Trennungen die verborgenen Weisheiten, das dadurch entstandene persönliche Wachstum erkennen. In Zeiten der Not und des Leidens finden die Menschen wieder leichter zu-

einander, es entsteht ein grösseres Zusammengehörigkeitsgefühl. Die Seele bewegt sich durch diese Lebens- und Sinn- Erfahrungen in die von ihr gewünschte Entfaltung. Auf der Karte des Lebens ist das Ziel jedes Schöpfer Gott ähnlichen Wesens eingetragen. Ein genauer Seelenplan wurde vor Äonen von Jahren entworfen und mit dem Seelenwunsch einer Seele-Mensch-Geist Verschmelzung verbunden. Als ein kostbares, persönliches Geschenk miteinbezogen wurde eine uneingeschränkte, zu jedem Zeitpunkt klare persönliche Entscheidungsfreiheit.

Erfüllt und durchdrungen von einer unbeschreiblichen Liebe, einer Liebe die bedingungslos aus einer niemals versiegenden Quelle strömt, versucht die Seele, in den von ihr gewählten Erfahrungen, in der Plus oder Minus Polarität die angestrebte Entwicklung zu erreichen. Je mehr sich der Mensch dessen bewusst ist, diese Bewusstheit in seinem Bewusstsein verankert hat, desto kraftvoller und klarer werden sein Durchblick und sein Wachstum. In der Sichtweise eures Denkens, Handelns und Wollens liegen die mächtigen Kräfte eines durch- und aufbrechenden Potenzials für gelebte Veränderung. An diesem Wendepunkt führt der Weg eures persönlichen Lebens, wie auch der Weltgeschichte auf die Sonnen- die Lichtseite des Erdendaseins. Je mehr Menschen diesen Richtungswechsel in sich und an sich vornehmen, desto kraftvoller und grösser wird die Umkehr auf eurem an Schönheiten und Mannigfaltigkeiten gesegneten Planeten.

In der Geistigen Welt ist alles stets in Göttlicher Ordnung. Wir die Energien Ivanor, die Hüter und Schöpfer der Liebeskreativität für den Planeten Erde und seine Lebewesen, möchten uns hier, um dem folgenden noch mehr Einfluss zu verleihen in der erdbezogenen Gefühlssprache *ausdrücken. Wir haben nur einen, einen einzigen, doch alles umfassenden Wunsch. Das einschneidende Verlangen, dass in jedem Menschen die Seelenwunschverwirklichung wieder ins Bewusstsein findet und die Bedeutung, die ihr zusteht wieder erkannt und als Geschenk in Empfang genommen werden kann. In einer vollständigen Integration des Seelenwunsches, in der freudigen Anerkennung, in der Annahme und im Hervortreten lassen von Gaben und Talenten liegen die ersten wichtigsten Schritte in ein Dasein, das euch Erfüllung, Freude und Erfolg bringen wird. Hier entdeckt ihr allmählich eure innere Grösse und die damit verbundenen Führungsqualitäten. Was immer ihr tut, wo immer euer Platz im Leben steht, geschieht dies in einer liebevollen, in einer mit Hingabe und von Beglückung erfüllten Art, erzeugt ihr Segen. Es gibt nichts Minderwertiges, kein weniger oder mehr, was zählt ist nur die Wirklichkeit von Herzensliebe, das Dasein für eine mit Begeisterung und von Güte begleiteten Lebensaufgabe, Lebenserfüllung. Seid euch bewusst, dass weder Titel noch Ausbildungen in einer göttlichen Bewertungsskala zu finden sind. Dies gehört in die menschliche Denkweise. In der Wahrnehmung des Schöpfergottes und der Seele besteht jedes Wesen, zu jedem Zeitpunkt, nur aus reinem, alles überstrahlendem Licht. Eine analoge Sichtweise könnt ihr euch aneignen, indem ihr die Schulung, die Lebensschulung beherzigt, die sich "Mit den Augen der Liebe sehen" nennt. Alles was mit Liebe und aus Liebe betrachtet wird, in seinem Ausdruck angenommen werden kann, wird durchflutet mit einer Liebesheilungsessenz. Ein Rezept, das alle Krankheiten auf allen Ebenen, am Ursprung, an der Wurzel erkennt, behandelt und heilt.*

Wir segnen euch auf eurem Weg der individuellsten Entwicklung, auf eurem Kurs der ureigensten Biographie, in der Schulung des Lebens mit dem einen Ziel, die Göttlichkeit in sich, die wahre innere Liebesquelle zu finden und daraus Kraft, Lebenskraft zu schöpfen. Wir sind Ivanor, Segen auf eurem Entwicklungsweg!

Spiritueller Führer: Ivanor

Farbstrahl: Regenbogen

Vorkommen: 3%

Eigenschaften: Assimilation an die universelle Einheit

Brücke zu allen Strahlen

In der Lichtbrücke eines leuchtenden Regenbogens sehen wir die Verbindung von Himmel und Erde oder von Anfang und Ende. Mit jemandem über das Herz in Verbindung zu sein, löst in uns angenehme, wohltuende und beglückende Gefühle aus. Im Regenbogen spiegelt sich uns ein sichtbares Licht der Verbindung und Verbundenheit Gottes. Damit will er uns seine Liebe in einer Leuchtschrift kundtun und darauf hinweisen, dass aus seiner Sicht Hoffnung nie, wirklich niemals sterben wird. Hoffnung ist das Lebenselixier, die kosmische Nahrung, die uns zusammen mit der Liebe, beim Start ins Leben mitgegeben wurde. An diese Nahrung können wir uns halten und immer wieder neu ausrichten und beleben. Hier liegen die Stabilität und die Kraft für den Weg in die Weisheit des Herzens. Gottes Güte, seine Liebe und sein Segen ergiessen sich im Regenbogenlicht auf die Erde. Lassen wir uns bewusst auf diese Himmelsbrücke ein, so erhalten wir eine kosmische Farbheilbehandlung.

Der neunte Strahl, als Regenbogenstrahl bezeichnet, rundet vorerst die Reihe ab. Warum sage ich vorerst, deshalb weil die universelle Evolution niemals abgeschlossen ist. Alles basiert auf einer ständig sich erweiternden Ausdehnung und Entwicklung. Universelles

Wachstum ist Unendlichkeit, in einer immer währenden Bewusstseinerweiterung. So werden auch die Worte in diesem Buch so gewählt, dass sie für die Allgemeinheit verständlich sind. Denn das Verständnis und Einfühlungsvermögen für und in die neuen Kinder, muss in einem umfangreicheren Masse bekannt und gefördert werden.

Die Kinder und Jugendlichen der neuen Generation sind nicht primär schlecht, brutal und gewalttätig. Sie übernehmen und drücken nur sehr oft das aus was sie sehen, die Rauheit und Lieblosigkeit die ihnen das grosse Weltbild vorzeigt. Die neue Generation ist gleichermassen offen für Liebe, für Rücksicht, für Nachsicht, für Weitsicht, für einen Blick in eine verheissungsvolle Zukunft. An uns liegt es, sie im Glauben an eine neue, von Liebe geleiteten Wirklichkeit zu bestärken und zu ermutigen.

Einblicke in die Seelen der neuen Kinder können uns allen, von Eltern über Grosseltern, Ärzten, Pädagogen und Psychologen dazu dienen, unsere eigene innere Welt besser kennen zulernen und zu verstehen. Sie lernen uns das ICH als Eigenständigkeit zu erkennen und als Persönlichkeit zu lernen es zu lieben und zu schätzen und für Umweltmanipulationen resistent zu machen.

Weiter wollen sie uns aufzeigen wie weit reichend und absolut die Existenz eines von Gott und der Seele geplanten Erdenlebens ist und wie bedeutsam das Erkennen unserer Herzenswerte und die Umsetzung derselben sind. Jede Art von Liebesdiensten, mögen sie noch so klein und unscheinbar erscheinen, ist die Substanz, welche die Energie in sich trägt, Grosses zu vollbringen, Träume und Visionen wahr werden zu lassen.

Den Energien von Ivanor, dem Hüter der kreativen Liebe unseres Universums ist der neunte Strahl zugeordnet. Er ist der Beschützer und spirituelle Mentor der Kinder unter dem Regenbogenstrahl. In diesen Kinder- / Menschenseelen liegt die gebündelte Kraft des ganzen Farbenspektrums des Regenbogens. Ihr Vorkommen beträgt 3% und sie verteilen sich gleichmässig auf dem ganzen Planeten. Sie haben eine sehr gewichtige Aufgabe übernommen. Ihre Liebesdienstseelen stellen sich zur Verfügung, als Verbindungsglieder für alle Strahlenkinder zu wirken. Sie sind die Kittmasse, die dafür sorgen möchte, dass ein weltumspannendes Zusammenfinden, ein weltumspannendes zusammen wachsen stetig vergrössert und verfeinert werden kann. Damit das Einfühlungsvermögen in die anderen acht Strahlen gesichert ist, haben sie die Eigenschaften und Gaben der anderen mitbekommen. Durch diese Verstärkung können die Herausforderungen mit denen sie sich konfrontiert sehen, um eine Spur massiver ausfallen. Auf den ersten Blick scheinen es happige Aufträge zu sein, die sie da übernommen haben. Doch wie in allem liegt auch hier eine wunderbare göttliche Güte und Weisheit. Diesen Menschen / Seelen wird zu jeder Zeit eine vollumfängliche Bereitschaft für Unterstützung und segensreicher Hilfe aus der Geistigen Welt zugesichert. Natürlich gilt das für alle Seelen, nur benötigen die Strahlenkinderseelen ein noch grösseres Mass an Unterstützungsenergie um ihre Aufgaben erfüllen zu können.

Der Prozess des Überganges, der Umwandlung der Erde, ist in Gang. Wir haben uns entschlossen mitzumachen, mitzugehen, Mitschöpfer einer neuen Erde, einer neuen Gesellschaft zu werden, der Brüderlichkeit und Schwesterlichkeit neuen Atem, neuen Lebensatem einzuhauchen.

Wie von einem grossen Bahnknotenpunkt sich viele Linien netzartig verteilen, um alle Regionen zu erreichen, sind auch Regenbogenkinder / -Menschen ein zentraler Knotenpunkt um im Umwandlungsprozess der neuen Erde den Ausgleich zu machen und die Balance zu halten. Ivanor, als Fluss der Fülle einer kreativen Liebe, nährt und begleitet die Regenbogenkinder, sowie alle Menschen, die in Liebe und Hingabe als Glied einer universellen Familie ihre Arbeit verrichten. Die Kinder des Regenbogenstrahls und mit ihnen alle Strahlenkinder und abertausende von Lichtarbeitern schaffen an einem gemeinsamen grossen Ziel, dem Einklang mit den Universellen Gesetzen in einem vollständig integrierten menschlichen Bewusstsein.

Die Kinder von Ivanor fühlen sich in allen Welten zuhause. Durch ihr kosmisches Bewusstsein können sie alle Ebenen der Existenzen erfahren und werden dadurch auch zu Vermittlern für intergalaktische Kommunikation. Durch alle diese Fähigkeiten haben sie dementsprechend vielseitige Interessensgebiete. Hin und her gerissen und von einem durchdringenden Wissensdrang gefordert, können sie in jungen Jahren Mühe haben sich für eine Berufsrichtung zu entscheiden. Hier ist die Begleitung und Beratung von Eltern und Lehrern enorm wichtig, denn diese Kinder brauchen eine breitflächige, fundierte und detaillierte Information. Niemals geben sie sich mit Halbheiten zufrieden.

Schon früh realisieren sie den Einfluss ihrer kleinen Persönlichkeit. Sie besitzen eine unwiderstehliche Anziehungskraft und spielen auch gerne damit. Sind sie mit sich im

Reinen, strahlen sie eine bezaubernde Liebe und Güte aus. Geraten sie aus ihrer Mitte, kommt die volle Wucht der Polarität aus ihnen heraus. Unbewusst ist ihr Bestreben, in allen Situationen immer die Balance zu halten. Auch hier übernehmen sie die Vermittlerrolle, die sie dann oft in offene Messer laufen lässt. Daher werden auch sie von Verletzungen und Enttäuschungen kaum verschont werden. Ihr vorläufiger Lernprozess ist, dass die Welt noch nicht aus Licht und Liebe besteht, doch dass viele Lichtarbeiter daran arbeiten.

Durch ihre tiefe Herzenswärme sind die Begabungen überdurchschnittlich gross, wenn es um zwischenmenschliche Beziehungen geht. So steht für ein Ivanorkind eine grosse Palette an Berufsgattungen zur Auswahl. Sie weisen Führungsqualitäten aus, sind wahre Teamplayer, diplomatisch im Ausdruck, gewandte Redner, interessiert an allen Kulturen, grosszügig und klar im Denken und Handeln, sie sind die neuen Philosophen der Liebe, die Verkünder einer neuen Wirklichkeit, die nichts mehr trennt, sondern alles verbindet. Glauben und arbeiten wir mit ihnen an der Vision einer neuen, einheitlichen Erde, die von Licht und Liebe gleitet wird.

Regenbogen, Du zartes Gebilde

Du Farbenspiel am Himmelszelt

Du Bogen des Friedens

Himmel - Erde - Brückenkraft

Du leuchtendes Symbol

Herzen, Sinn und Geist berührend

Gerade so wie strahlende Kinder

Neues Glück und neue Hoffnung bringend

Zusammenfassung

Kurze Zusammenfassung der jeweiligen Strahlen über das Ziel, ihre Wesensart, die grössten Herausforderungen, Empfehlung für die Eltern, sowie das Tätigkeitsfeld.

Ishmael / Silber-Blau

Ziel	Botschafter der Liebe, Friedensengel, Generationen verbinden, Seelenfänger im universellen Ausdruck der Liebe zu allem was IST
Wesensart	Sanft und herzlich, überaus dünnhäutig, offen, gehen ohne Vorurteile auf andere zu, hohe Sensitivität für Schwingungen, kennen ihren Wert in der Gesellschaft, Toleranz, ausgeprägter Gerechtigkeitssinn, entwaffnende Ehrlichkeit, Anziehungskraft, glauben an die Macht der Liebe, Leader, mit grossen Fähigkeiten sich auszudrücken
Herausforderungen	Umgehen mit Abweisung, wollen es allen recht machen, grosses Liebesbedürfnis, suchen nach der reinen Liebe, gutgläubig, Gefahr von Aufopferung
Empfehlung für Eltern	Liebe, Vertrauen und Geborgenheit schenken, auf die Polari-

	tät der Erdebene aufmerksam machen, Mut machen Erfahrungen zu sammeln und daraus zu lernen, lernen bewusste Verbindung Seele-Mensch aufzunehmen und mit geistigen Helfern zu kommunizieren
Tätigkeitsfeld	Liebe ist das "Allheilmittel", so sind alle Berufe in denen Menschen die Hauptrolle spielen, bestens geeignet, z.B. Lehrer, Therapeuten, Heiler, Ärzte, Führungspersönlichkeiten, überall wo Menschenmassen erreicht werden können

Kryon / Indigo

Ziel	Pionierarbeit für das magnetische Zeitalter, niederreissen und durchbrechen alter Strukturen, Übermittler von Klarheit im Denken und Handeln, Einsatz für eine Gerechtigkeit, die auf allen Ebenen weltumspannend wird, waren und sind Wegbereiter für alle Strahlen, mit der starken Vision, dass die Liebe wieder das Zepter übernehmen wird
Wesenheit	Starke magnetische Energie, scharfer analytischer Verstand,

	grosse mentale Fähigkeiten, enormer, kaum zu stillender Wissensdurst in Bezug zu neuen Technologien, grosses Potenzial an Wille und dessen Durchsetzung, unter der oft rebellischen Art versteckt sich ein wundersamer, sensibler, von Liebe erfüllter sanfter Kern
Herausforderungen	Eigenwillig, können asoziale Züge entwickeln, bekunden Mühe Beziehungen einzugehen und aufzubauen, verschanzen sich, Gefahr der Vereinsamung, überdurchschnittliche kreative Intelligenz, lernen sie in Integrität zu nutzen
Empfehlung für Eltern	Bieten einer nie versiegenden Quelle von Liebe, GEDULD, Verständnis und Vertrauen, grosses Mass von Freiraum und zugleich eine starke, sehr konsequente Führungshand und dies von Anfang an
Tätigkeitsfeld	Forschung und Entwicklung von neuen Wissenschaften, neuen Energien, neuen Technologien, Vernetzer, Lehrer in der Vermittlung mentaler Gedankenkraft

Newahrjak / Rosa-Grün

Ziel	Mensch - Erde Liebesdefizit schliessen, Achtsamkeit und respektvolle Haltung für alles Lebendige fördern, Mensch und Natur wieder in Harmonie und Einklang bringen
Wesenheit	Erfüllt von Liebe, Dankbarkeit und Wertschätzung für die Erde und alles was IST, lebensfroh und erdverbunden, kommunizieren mit den feinstofflichen Freunden, oft die Fähigkeit von Klarwissen, Klarfühlen, Klarsehen, oder Klarhören
Herausforderungen	fühlen sich oft nicht ernst genommen, als Aussenseiter, Gefahr von Abkapselung und Selbstverurteilung
Empfehlung für Eltern	lernen das Kind in seinen Wahrnehmungen zu verstehen und zu unterstützen, Rückhalt und Verständnis schenken, doch stets in konsequenter, liebevoller Art
Tätigkeitsfeld	Augenöffner für die Bedürfnisse der Erde, arbeiten als Liebesadvokaten für die Heilung des Planeten, also alle Bereiche in denen Menschen- Pflanzen- Tier- und Mineralienwelt sich wieder

mit dem Geist Gottes vereinigen möchten

Jesus und Maria / Rost

Ziel	Pionierarbeit in der Aufklärungskampagne für intergalaktische Kommunikation, Brückenbauer zwischen den Menschen und den Raumkommandos
Wesenheit	Erobern die Herzen der Menschen im Sturm, hochmagnetische Seelen mit überdurchschnittlichem IQ, Führungseigenschaften mit Fokus auf Zielerreichung, schon früh Weitsicht und Übersicht, grosse Begeisterungsfähigkeit, bestechend klar in ihren Aussagen
Herausforderung	Heben gerne ab, grosse Frequenzunterschiede, deshalb ist eine Zentrierung, eine Erdung sehr wichtig, bei nicht verstehen, Neigung zu Wutausbrüchen, enorme Durchsetzungskraft und Durchsetzungswillen, der noch in die richtigen Bahnen gelenkt werden muss
Empfehlung für Eltern	Auch hier ist eine von der Liebe geleiteten, konsequenten, strukturierten und für neue Denkwei-

	sen offene Art von Erziehung gefragt. Diese Kinder brauchen starke, selbstbewusste Eltern auf deren Unterstützung sie in allen Fällen zählen können
Tätigkeitsfeld	Brilliante Rhetoriker, ziehen Menschen in ihren Bann, grosse Heilfähigkeiten, fördern mit ihrer Ausstrahlung und ihrer visionären Kraft die Faszination in den Menschen für die Entdeckungsreise zu Grenzenüberschreitenden Wissenschaften und Techniken

Pythagoras / Gold

Ziel	Verstandeswissenschaften mit der spirituellen Wissenschaft zu verbinden, erklär- und beweisbar zu machen, die Universellen Gesetzmässigkeiten wieder ins Bewusstsein der Menschen zu rücken
Wesenheit	durch ihren offenen Geist Genialität im Denken und Handeln, haben neue, noch unbekannte Denkthesen, Vertrauen ihrer irdischen Durchbruchskraft, Vorausdenker mit grossen telepatischen Fähigkeiten, Sinn für Loyalität und Teamarbeit

Herausforderungen	durch starke Kopflastigkeit Gefahr zu Einzelgängern zu werden, halten sich nicht an Strukturen und Regeln, fühlen sich oft unverstanden und ungeliebt, brauchen unbedingt körperorientierte Beschäftigungen
Empfehlung für Eltern	grosses Einfühlungsvermögen und Verständnis für neue Denkweisen und menschliche Eigenarten, Beachtung von Neigung zu übergrosser Perfektion und mangelnder Selbstliebe
Tätigkeitsfeld	Alle Bereiche die der Menschheit im Wassermannzeitalter dienen können um getrennte Wissenschaftsgebiete zu vereinen und neuen Schwung in die mentalen Fähigkeiten der Menschen zu bringen

Carl Jung / Orange

Ziel	Erforschen und verbreiten von neuen Therapien in Psychologie und Psychiatrie, mit dem Ziel irgendwann die Menschheit von der Geissel "Krankheiten" zu befreien, die mentalen Kräfte der Menschen in den Alltag zu integrieren, sie zu eigenen Mental-

	und Erfolgstrainern werden zu lassen, erkennen und anstreben einer Körper-Geist-Seele Einheit
Wesenheit	Eine angeborene Lebensfreude und Selbstachtung, die von Zielorientierung begleitet wird, grosses Erfassungsvermögen von komplexen Zusammenhängen, mentale Stärke, die sie schon früh Analysen erstellen lässt, Wissen um die Dreiheit von Körper-Geist-Seele, meist gut geerdet
Herausforderungen	Können durch ihre Neugier und im bestreben Gespräche mit Erwachsenen zu führen sich leicht überfordern, brauchen kindgerechte Förderung und später Aufmerksamkeit und Anerkennung ihrer Thesen
Empfehlung für Eltern	Eltern die nicht aus falschem Stolz kleine Wunderkinder fördern wollen, sondern einzig und allein das Wohl des Kindes vor Augen haben
Tätigkeitsfeld	Alles was mit Forschung und Heilung "Mensch" zu tun hat, von Medizin, Musik, Theater, Literatur und Kunst usw. liegen alle Bereiche darin

Laurita / Pastell Pink

Ziel	Die Menschen in die Himmel-Erde Verbindung, in die eigene Seelenliebesheilkraft bringen, die Gnadenliebe die aus der Schöpfergottquelle fliesst vorleben und so das Weltbild verändern, Vermittler zwischen Engel, Gott und Mensch, die Macht der Liebe sprechen lassen
Wesenheit	Engelhaft anmutende Wesen mit grosser Sanftheit und Lieblichkeit, sehen in allem den Geist Gottes und heilen mit allen Sinnen, sind Engel auf Erden in Kommunikation mit dem Engelreich im Himmel, Vorkommen überwiegend weiblich
Herausforderungen	Grosse Mitleidenschaft, Gefahr der Aufopferung und des Missbrauchs, Helfersyndrom, leiden Qualen bei Lieb- und Respektlosigkeiten, müssen lernen sich abzugrenzen und zu schützen
Empfehlung für Eltern	Eine Geborgenheit und Sicherheit schenkende Umgebung, die von Liebe und Harmonie geprägt ist, Aufmerksamkeit auf gute Erdung und Stabilität
Tätigkeitsfeld	Heiler und Therapeuten für alle Hilfe suchenden, Notleidenden

oder Liebe bedürftigen Kreaturen

Lady Nadja / Zartes Gold

Ziel	Die feinstofflichen Freunde und Begleiter wieder in das Bewusstsein, in die Herzen der Menschen bringen, lernen uns die Leichtigkeit des Seins in einem irdischen, erfüllten Dasein zu leben, das Gleichgewicht der physischen und seelischen Struktur herzustellen und zu geniessen
Wesenheit	Zart besaitete Wesen, die sich elfenhaft bewegen und von einer pulsierenden Heiterkeit umgeben sind, ihre Botschaft ist: "Öffne dein Herz und alle deine Sinne, lass dich vertrauensvoll führen und zugleich heilen"
Herausforderungen	Verlieren recht schnell die Balance, fühlen sich bei Ablehnung tief verletzt und reagieren heftig, nicht selten Reaktionen auf der Körperebene, lernen Enttäuschungen wegzustecken
Empfehlung für Eltern	So viel wie möglich die Natur erleben lassen, mit den Elementen spielen, eintauchen lassen in die

	ihnen vertraute Welt der Gnome, Elfen und Feen
Tätigkeitsfeld	Alle Berufe und Organisationen deren Hauptanliegen die Rettung des Planeten ist, Bekanntmachung der Existenz der Naturgeister, Heilstätten, deren Augenmerk auf der Suche nach der inneren Schönheit, die im Aussen strahlt, gerichtet ist

Ivanor / Regenbogen

Ziel	Sie sind die Magier, die durch neue Hoffnung, neue Zuversicht, mit dem Allheilmittel "Liebe", eine globale Bewusstseins Veränderung bringen möchten, sie lernen uns die ICH Persönlichkeit zu lieben und zu schätzen und so das Universelle Gesetz "Liebe deinen Nächsten wie dich selbst" neu zu beleben, mit allen Strahlen verbunden sind sie die Brückenbauer und Unterstützer der anderen Strahlen
Wesenheit	strahlen reine Herzensliebe aus die berührt, heilt und nährt, zugleich klare Spiegel von Unzulänglichkeiten, kosmisches Bewusstsein lässt sie sich auf allen

	Ebenen zuhause fühlen, dementsprechend viele Interessensgebiete, verfügen über grosse Klarheit und Durchsicht
Herausforderungen	vielfältig und in jungen Jahren nicht sehr einfach, einerseits enormes Verantwortungsgefühl, durch das sie sich emotionalen Druck aufladen, auf der anderen Seite, Mühe für ein vollumfängliches JA zum Leben, zu ihrer Aufgabe, Geduld aufbringen für ein Hinarbeiten in die Balance
Empfehlung für Eltern	Geborgenheit und Stabilität vermitteln, gleichermassen Rückzugsmöglichkeiten wie sozialen Austausch bieten und dazu ermuntern, dem Wissensdurst nach detaillierten Informationen nachkommen
Tätigkeitsfeld	Sie sind die neuen Philosophen der Liebe und fühlen sich in Berufen die der Menschheit dienen wohl, grosse Führungsqualitäten geleitet von Integrität und Loyalität

...Neue Hoffnung erfüllt die Erde...

In den Farbstrahlen des Regenbogens liegt neue Hoffnung. Die darin bestehende Leuchtkraft erzeugt in seinem Betrachter tiefe Gefühle einer Frieden verheissenden Botschaft.

Die Farben des Regenbogens tragen wir alle in uns. Sie fliessen in und durch unsere Energiewirbel, den sieben Hauptkraftorten, die sich in der Mitte unseres Körpers befinden, den so genannten Chakren. Dieses Farbenspektrum leuchtet auch in fliessenden Bewegungen in unserer Aura, dem für die meisten Menschen unsichtbaren Energiekörper um uns. C. G. Jung nannte die Chakren, Symbole für menschliche Bewusstseinsstufen.

So gesehen sind wir alle Hoffnungsträger mit integrierter Regenbogenleuchtkraft. Erkennen wir diese Botschaft und tragen den ganzen Farbenbogen, der der göttlichen Quelle entspringt, in die Welt, wird Planet Erde sein verlorenes Leuchten wieder erlangen. Vermehrt können wir dann wieder Schöpfungsfeste des Lebens feiern.

Die Zukunft ist JETZT! Unser Leben findet jetzt statt. Im hier und jetzt, in jedem Augenblick, in jeder Situation haben wir die Chance uns zu entwickeln. Die Möglichkeiten wahrzunehmen um zu lernen, um zu erkennen, um zu begreifen. Wir sind uns bewusst, dass wir nicht immer gewinnen, doch in einer wachsenden Bereitschaft an uns zu arbeiten, uns von den meistens emotional gesteuerten Reibungsmustern zu lösen, werden Niederlagen zu Sprungbrettern die uns zu Siegen verhelfen.

Du und ich, wir alle haben das grosse Glück unsere Erfahrungen auf diesem Schönheitsplaneten Erde zu machen.

Für mich ist die Erde ein lebendiges Wesen, wie eine liebende Mutter, die ihren Kindern alles gibt, was ihnen zum Wohle gereicht. Sie schenkt uns die Stabilität, die Wurzelkraft um uns aufzurichten und buchstäblich dem Himmel entgegen zuwachsen. Auf ihr dürfen wir Vertrauen entwickeln, das nährende Prinzip für ein Wachstum erzeugendes Dasein.

Die Gaben der Erde sind Nahrung für unseren Körper. Nahrung und Aufbaumaterial für das Haus unserer Seele. Nur in einem gesunden Haus fühlen sich die Bewohner wohl.

In der Luft haben wir den Atem des Lebens. Lebensatem, die Erfrischung der Gedankenkraft, die Geburtshilfe zu neuen Ideen, zu Inspiration und Begeisterung. In der Weite des Himmels kann sich der Geist entfalten.

Wir haben das wertvolle Geschenk des Wassers. Das Wasser des Lebens, denn ohne Wasser gibt es kein Leben. Wasser belebt, reinigt und wandelt. Wer hat nicht schon die Freuden versprühenden Energien eines sprudelnden Wildbaches gespürt oder die regenerierenden Kräfte an einem idyllischen See.

In der Kraft des Feuers finden wir Erneuerung, Faszination und Transformation. Im ersten Moment denken wir an Wärme und dann auch gleich an Zerstörung. Wir haben die Sonne die uns wärmt, die uns Licht und Leben schenkt. Ohne Licht und Wärme wäre unser Planet tote Materie.

Die vier Elemente Erde, Wasser, Luft und Feuer tragen wir auch in uns. Unser Körper symbolisiert die Erde, unsere Körpersäfte das Wasser, unsere Gedankenkraft die Luft und unsere Lebensenergien das Feuer. So kam mir eines

Tages der Gedanke einen Erdenmuttertag zu veranstalten und dazu Kinder mit ihren Eltern, Grosseltern oder Paten einzuladen. Es sollte ein Tag der Liebe, der Freude und des Dankes an die Schöpfung dieser unserer Erdenmutter werden.

Die nachfolgenden Zeichnungen, sowie die Geschichte sind an diesem Tag zum Thema "Erdenmuttertag" und "Die Kinder aus dem Regenbogen" entstanden. Wie in der Kunst liegt es auch hier in der Freiheit jedes Betrachters seinem Gefühl der Interpretation und der Aussagekraft dieser Bilder zu vertrauen. Jedes dieser Kinder war mit Eifer dabei und legte ohne Einmischung von Erwachsenen sein persönliches Empfinden dar. Dieser Tag war geprägt von einem liebevollen Miteinander, von Rücksichtsnahme, von grosser Teamfähigkeit. Jeder fühlte sich in seiner Ganzheit als Mensch und als Kind angenommen und unterstützt.

Ob Kind oder Erwachsener, jeder durfte heimkehren, erfüllt von Freude, genährt mit Heilung, bestärkt im Glauben und Vertrauen sein Seelenlicht erstrahlen zu lassen und den Eingebungen seines Herzens zu folgen. Gleichzeitig auch den Mut zu haben anders zu sein, sich von allen anderen zu unterscheiden und den Weg, die Mission, neue Hoffnung auf die Erde zu bringen, bis zur Vollendung zu gehen. Gross und klein haben gelernt, dass jeder etwas dazu beitragen kann, dass die Erde zu einem Ort der Liebe und des Friedens werden kann, dass Zukunft JETZT ist.

Zum Ausklang des Tages spannte Gott seinen Lichtbogen in den Farben der Erde über uns. Diesen Regenbogen empfand ich als sichtbares Geschenk Gottes, als Dank und Mutspender für uns alle, ganz besonders aber für die

Strahlenkinder, dass sie ihren Weg gehen und durch ihr Anderssein der Menschheit und dem Planeten Erde zum Segen werden.

Abbildung 1   Nina, 10 J

Abbildung 2   Rafael, 9 J

Abbildung 3   Jana R, 9 J

Abbildung 4   Livio, 7 J

Abbildung 5　　　　　　　　　　　　　　　　　　　　Sara, 7 J

Abbildung 6　　　　　　　　　　　　　　　　　　　　Jana K, 5 J

Abbildung 7   Severin, 8 J

Abbildung 8   Juliette, 4 J

Abbildung 9   Melina, 5 J

Abbildung 10   Robin, 10 J

Abbildung 11 Saskia, 14 J

Laura

Die folgende Geschichte "Ein Regenbogen für Eliot" stammt aus der Feder von Laura Haussener, eine 16 jährige Gymnasiastin. Schreiben, Fotografieren und Musizieren sind Talente, die die junge Frau mit sehr viel Freude und Begeisterung ausübt. Ihr grosses Ziel ist Schriftstellerin zu werden. So wünschte sie sich am "Erdenmuttertag" statt einer Zeichnung, eine Geschichte zu schreiben. Ihre Verse, kurze oder längere Geschichten beeindrucken mit klaren Aussagen und tief schürfender Weisheit.

Im vergangenen Herbst, just zum "Erdenmuttertag" hat sie einen kleinen Bildband mit Texten im Eigenverlag herausgegeben. Wenn du dieses Bijou "Auf meinem Weg" bestellen möchtest, findest du die Angaben unter den Kontaktadressen. Sie wird sich freuen und jede Bestellung wird ihr Mut machen und ihre Vision nähren. Dafür danke ich dir.

Ein Regenbogen für Eliot

Man hätte nicht sagen können, dass dies ein besonderer Tag war. Nein, eigentlich war es ein Tag wie jeder andere auch in Eliots Leben. Für ihn waren alle Tage gleich. Trotzdem war dieser Tag von Bedeutung für ihn, auch wenn er selbst es noch nicht wusste.
Eliot sass in seinem Sessel und las Zeitung. Wie jeden Tag. Er war informiert über das Geschehen in der Welt, jeden Tag las er von neuem, was da draussen alles geschah. Aber das ging ihn eigentlich überhaupt nichts an, denn er gehörte nicht zu dieser Welt. Seine Welt war das kleine, in die Jahre gekommene Haus mit der Veranda, dem verrosteten Briefkasten und dem kleinen Garten, in dem das Unkraut wucherte. Aber was kümmerte Eliot seinen Garten. Er sah ihn ja nicht einmal von seinem Sessel aus. Er sah durch das schmutzige Fenster nur die scheinbar endlose Wiese, die sich bis zu den Klippen erstreckte und dahinter war das Meer. Mehr musste und wollte er auch gar nicht sehen.
An diesem Samstag stand nichts Interessantes in der Zeitung. Eliot las trotzdem Seite für Seite durch. Als er die Zeitung schloss, wusste er zwar nicht mehr, was er gelesen hatte, aber das spielte keine Rolle. Er hatte Zeitung gelesen.
Er lehnte sich in seinem Sessel zurück, faltete die Hände und starrte aus dem Fenster.
Ein Tag wie jeder andere.
Wie viele Tage waren wohl schon so verstrichen?
Wie manchen Tag hatte er das getan, was er immer tat – Zeitung lesen, Kaffee trinken, schlafen, Nachrichten schauen?
Er wusste es nicht.
Plötzlich hörte er ein Geräusch, das ihn aufhorchen liess. Ein Auto. Nein, ein Lieferwagen. Er bog in seine Strasse ein. Eliot wandte sich vom Fenster ab und schaute durch das Glasfenster in seiner Tür. Tatsächlich, ein Lieferwagen. Was stand da drauf? Er kniff die Augen zusammen, aber auch mit seiner Brille konnte er den Schriftzug nicht entziffern. Je weiter der Lieferwagen fuhr, desto mehr musste Eliot den Kopf verdrehen und schliesslich gab er es auf. Aber die Neugier war zu gross und er erhob sich aus seinem Sessel, nahm seinen Stock und lief zur Tür. Der Lieferwagen war vor einem Haus auf der anderen Strassenseite stehen geblieben, Männer stiegen aus. Da rannte ein kleiner Junge umher, er rief seine Mutter. Nervtötendes Geschrei.

Eine junge Frau nahm ihn bei der Hand und Eliot sah, wie sie etwas zu ihm sagte.
Erst jetzt fiel ihm auf, dass die Männer begannen, den Lieferwagen auszuräumen. Sie trugen Möbel in das Haus! Was hatte das zu bedeuten?
Da zieht jemand ein, schoss es Eliot durch den Kopf. Tatsächlich. Das gab es doch nicht.
Da zog jemand ein.
Jemand, den er nicht kannte.
Ein Junge, ein Kind, das bedeutete Lärm.
Eliot war überhaupt nicht begeistert. Überhaupt nicht. Aber er war zu müde, um sich aufzuregen.
Werden ja sehen, dachte er, und schlurfte zurück zu seinem Sessel.

Am nächsten Tag wartete Eliot geradezu auf den Lärm. Auf das Geschrei, auf etwas, über das er sich bei den neuen Nachbarn hätte beschweren können. Aber es blieb still. Kein Radau, kein Krach, nichts. Nur friedliche Ruhe, wie immer.
Eliot las Zeitung, trank Kaffee, ging schlafen.
Drei Tage vergingen, ohne dass sich an seinem Tagesablauf etwas geändert hätte.
Eliot las Zeitung, trank Kaffe, ging schlafen.
Wie immer.
Aber nach vier Tagen, als er schon fast vergessen hatte, dass da jemand eingezogen war auf der anderen Strassenseite, da klingelte jemand an seiner Tür. Das Geräusch weckte ihn unsanft aus dem Halbschlaf, er war beim Zeitunglesen eingenickt. Fluchend und ächzend kämpfte er sich aus seinem Sessel, suchte seinen Stock. Wo zur Hölle hatte er das Teufelsding denn liegen gelassen? Schliesslich hinkte er ohne Stock zur Tür und öffnete.
„Guten Tag Mister Brown! Wir möchten uns gerne bei Ihnen vorstellen, wir sind neu hier eingezogen, wie sie sicher bemerkt haben"
Die junge Frau lächelte ihn herzlich an und streckte ihm die Hand entgegen.
Sie hatte dunkle Haut und zarte, gepflegte Hände. Eliot wischte unauffällig seine Hände an den Hosen ab, bevor er ihr die Hand reichte.
„Leona Smith, das ist mein Sohn Nathan." Sie deutete auf den Jungen, der neben ihr stand und Eliot anschaute.
„Wie heisst du?", wollte dieser wissen.

Eliot zuckte zusammen, als er die klare Stimme des kleinen Jungen hörte.
„Eliot Brown, freut mich", sagte er, obwohl es ihn so ganz und gar nicht freute. Dabei erschrak er ab seiner eigenen Stimme, so lange hatte er sie nicht mehr gehört. Sie klang krank, müde und rauchig.
„Wir haben Ihnen ein kleines Geschenk mitgebracht, Mister Brown. Ach und bitte entschuldigen Sie, dass wir erst heute kommen um uns vorzustellen, wir waren in den letzten Tagen noch sehr beschäftigt mit dem Einrichten des Hauses."
Leona reichte ihm eine Flasche Bordeaux. Immer noch hatte sie dieses warme Lächeln auf ihrem Gesicht, und Eliot musste zugeben, dass es nicht gespielt war.
„Vielen Dank"
Einen kurzen Moment war es still, Eliot wusste nicht, was er noch hätte sagen sollen und deshalb wünschte er der Frau und ihrem Sohn noch einen schönen Tag und man würde sich ja sicher bald einmal wieder sehen. Dann schloss er die Tür vor der Nase der beiden und humpelte zurück in seinen Sessel. Da hörte er den kleinen Jungen sagen:
„Meinst du, er mag keinen Wein?"
Die Antwort der Mutter konnte er nicht mehr verstehen, die beiden liefen zurück zu ihrem neuen Zuhause.

Eliot starrte die Weinflasche an. Er liebte Wein. Aber vor vielen Jahren hatte er aufgehört, jeden Abend vor dem zu Bett gehen ein Glas Wein zu trinken. Das Glas stand zwar immer noch in der Küche, aber es war seit Jahren leer. Eliot seufzte. Da bemerkte er auf einmal, dass er seine Zeitung noch gar nicht fertig gelesen hatte, weil die beiden ihn unterbrochen hatten. Aber er verspürte keine Lust, sie fertig zu lesen und so schaltete er den Fernseher ein und schaute Pferderennen.

Am nächsten Tag klingelte wieder jemand an Eliots Tür. Diesmal hatte er seinen Stock zur Hand und musste nicht humpeln. Als er die Tür öffnete, stand Nathan vor ihm und lachte ihn an.
„Hallo Mister Brown!"
Eliot sagte nichts, aber Nathan liess sich davon nicht verunsichern.
„Haben sie Zeit?"
„Zeit wozu?", wollte er wissen.
„Zeit, um mit mir Fussball zu spielen"
„Ich kann nicht Fussball spielen, siehst doch, dass ich am Stock gehe", brummte Eliot.

„Gestern hatten sie aber keinen Stock"
„Gestern hatte ich ihn verlegt"
„Ach so. Mögen sie keinen Wein?", fragte Nathan plötzlich und Eliot musste unwillkürlich grinsen.
„Doch, ich mag Wein", versicherte er dem Jungen, der sichtlich erleichtert schien. Dann schwiegen beide. Eliot wartete darauf, dass der Junge noch etwas sagen würde, aber Nathan schaute ihn nur an. Er hatte sehr grosse und sehr runde, dunkle Augen, die man einfach ansehen musste. Auf einmal fragte Nathan:
„Sprechen sie nicht gern?"
Eliot schnaubte.
„Was geht dich das an?"
„Nichts. Auf Wiedersehen." Und Nathan rannte davon. Eliot blieb verdutzt stehen.
Eigentlich redete er sehr gerne.
Aber mit wem sollte er denn reden? Mit sich selbst? So alt war er nun auch wieder nicht.
Aber da war ja niemand, mit der er hätte reden können.
Und auf einmal wurde Eliot wieder bewusst, dass Alice ihm viel mehr fehlte, als er sich eingestehen wollte.
Alice.
Er schloss die Tür und lief zurück in sein Wohnzimmer, liess sich aber nicht gleich in den Sessel fallen, sondern blieb vor seiner Fotowand stehen. Eingerahmte Schwarzweissfotos hingen da, mindestens zwanzig und die meisten hingen schief. Und auf den meisten war sie zu sehen.
Alice.
Eliot pustete den Staub von den Fotos. Unglaublich wie viel sich da im Laufe der Zeit angesammelt hatte. Er betrachtete die Bilder und fand schliesslich sein Lieblingsfoto von ihr.
Alice, einundzwanzigjährig. Gelocktes Haar, Mandelaugen und das schönste Lächeln dieser Welt. Sie verzauberte Eliot noch immer. Das Foto war auf der Wiese vor seinem Fenster aufgenommen worden, Alice trug ein weisses Sommerkleid, hatte die Arme ausgebreitet und lachte in die Kamera.
Sommer 1969.

Als Eliot bemerkte, dass ihm Tränen übers Gesicht liefen, wandte er sich von dem Foto ab, liess sich in seinen Sessel fallen und weinte. Er hatte den Sessel absichtlich so platziert, dass er mit dem Rücken zu

den Fotos sass. Seit sieben Jahren sass er mit dem Rücken zu den Bildern seiner Vergangenheit.
Und trotzdem weinte er jetzt.
Alice.
Sieben Jahre ist es her, dachte Eliot. Sieben Jahre ist es her und noch immer kann ich sie nicht vergessen.

„Mister Brown?"
Nathan klopfte an das Fenster, er musste auf die Zehenspitzen stehen damit er überhaupt hineinsehen konnte.
Eliot erschrak fürchterlich. Rasch wischte er sich die Tränen aus den Augen, stand auf und machte die Tür zur Veranda auf, die sich mit einem lauten Knirschen öffnete.
„Was hast du auf meiner Veranda verloren?", polterte Eliot los.
„Das ist Hausfriedensbruch!"
Nathan blieb unbeeindruckt von seinem Gezeter. Er deutete auf die Wiese und fragte:
„Ist dort hinten das Meer?"
Eliot atmete tief ein und nickte dann.
„Ja, dort hinten ist das Meer. Geh doch hin"
„Zeigen sie's mir?"
„Ich kann nicht"
„Warum nicht?
„Wegen meinem Stock!"
„Warum haben sie denn ihren Stock, wenn er sie nur behindert?"
Eliot ballte die Fäuste. Diese Fragerei brachte ihn auf die Palme.
„Ich kann ohne Stock nicht gehen und mit Stock bin ich langsam wie eine Schnecke, darum gehe ich überhaupt nicht, verstehst du?"
Nathan schien zu verstehen und nickte.
„Und wenn ich auf sie warte? Ich muss nicht immer rennen, wissen sie."
Eliot schüttelte den Kopf.
„Du kannst auch alleine gehen."
„Nein, ich will, dass sie mitkommen."
„Warum?"
„Bitte kommen sie mit mir ans Meer, Mister Brown", bat Nathan.
Eliot runzelte die Stirn und betrachtete den Jungen eingehend. Schliesslich, er wusste nicht genau warum, sagte er:
„Warte hier. Ich hole nur rasch meine Jacke"
Und noch während er seine Jacke anzog, spielte er mit dem Gedanken, den Jungen wegzuschicken und wie gewohnt Nachrichten zu

schauen, aber irgendetwas hielt ihn davon ab. Er schloss die Verandatür hinter sich und meinte zu dem strahlenden Nathan:
„Ich weiss nicht, warum ich das tue. Aber wenn du mir davonrennst, dann kehre ich auf der Stelle um, hast du verstanden?"
Nathan lachte und versprach Eliot, auf ihn zu warten.

Eliot führte Nathan zu dem kleinen Pfad, der die Wiese durchquerte und die beiden machten sich auf den Weg zum Meer. Er wusste nicht einmal genau, wie lange es dauerte, bis man die Küste erreichte. In dem Tempo wie er laufen konnte wahrscheinlich lange, aber es war ja erst früher Nachmittag.
Schweigend liefen sie durch die Wiese und ein kühler Wind blies ihnen ins Gesicht. Eliot fühlte, wie die frische und salzige Meeresluft seine Lebensgeister erweckten. Es schien, als würde der Schmerz in seinen Knien mit jedem Schritt nachlassen, als würde sein Rücken mit jeder Bewegung etwas aufrechter und sein ganzer Körper mit jedem Atemzug wacher. Und ohne dass Eliot es merkte, hatte er ein Lächeln auf dem Gesicht.
Nathan hielt sein Versprechen. Er lief brav vor Eliot dem Pfad entlang und warf immer wieder einen Blick über die Schulter, um sich zu vergewissern, dass der alte Mann noch da war. Als sie schliesslich bei den Klippen ankamen, hatte sich das sanfte Lüftchen in einen starken Wind verwandelt.
„So, da wären wir", meinte Eliot und blieb stehen. Er hatte ganz vergessen, wie atemberaubend schön die Aussicht von hier war. Links und Rechts die endlos weiten Grasflächen Schottlands und vor ihnen der unendlich weite Ozean. Eliot kam sich nichtig klein vor an diesem Ort, an dem er schon so lange nicht mehr gewesen war.
„Mister Brown, was ist dort hinten? Dort, nach dem Meer?", fragte Nathan.
„Irgendwann kommt Norwegen, aber das kannst du von hier nicht sehen"
Nathan schloss die Augen und breitet die Arme aus.
„Ich fühle mich wie ein Vogel, wie wenn ich gleich wegfliegen könnte, übers ganze Meer hinweg", sagte er leise.
Eliot lächelte. Er kannte dieses Gefühl nur zu gut. Hier war er oft mit Alice gesessen und sie hatten stundenlang nichts getan ausser dieses Gefühl zu geniessen. Das war lange her. Aber das Gefühl war immer noch gleich.

Eine Weile standen sie da und sagten nichts. Eliot hing seinen Gedanken nach und Nathan hatte noch immer die Augen geschlossen und ein verträumtes Lächeln auf seinem Gesicht.
„Komm Nathan, wir müssen uns langsam auf den Rückweg machen, sonst macht sich deine Mutter Sorgen."
„Macht sie nicht"
„Woher willst du das wissen?"
„Sie weiss, dass ich mit Ihnen unterwegs bin und sie vertraut Ihnen"
Eliot stutzte.
„Woher weiss sie denn, dass sie mir vertrauen kann?"
„Sie weiss es halt", meinte Nathan. Er drehte sich schliesslich um und fragte, ob er denn Eliot zu ihm sagen dürfe.
„Wenn du willst"
„Eliot, bist du mein Freund?"
Simple Frage, aber Eliot wusste nicht, was er sagen sollte.
Nathan nahm seine Hand und schaute ihn mit einem Blick an, den nur Kinder haben können.
„Bist du mein Freund?"
„Ich weiss nicht"
„Ich habe nämlich hier noch keine Freunde"
Eliot konnte sich nicht wehren gegen das Lächeln auf seinem Gesicht.
„Gut, dann bin ich dein erster"
Nathan strahlte.
„Wirklich?"
„Ja"
Nathans Augen glänzten vor Freude.
„Komm jetzt, wir gehen nach Hause"

Als Nathan sich verabschiedet hatte und nach Hause rannte, stand Eliot auf seiner Veranda und fühlte sich so glücklich wie schon lange nicht mehr. Er öffnete die Tür und liess sie offen stehen, damit der muffelige Geruch aus seinem Haus verschwand, er ging in die Küche, nahm sein Weinglas und spülte es aus, dann öffnete er die Bordeauxflasche und trank ein Glas Wein. Alles, ohne wirklich zu realisieren, was er tat. Er tat es einfach, so wie Zeitunglesen. Als er dann so in seinem Sessel sass, mit dem halbvollen Glas in der Hand und in einem frisch gelüfteten Wohnzimmer, da merkte er, was gerade geschehen war.

„Ich habe einen Freund", murmelte Eliot, nahm einen Schluck von dem Wein und schloss für einen Moment die Augen.
Er hatte einen Freund.
Ein kleiner Junge war jetzt sein Freund.

Das war schön.

Er leerte das Glas in einem Zug und ging dann ins Bett.
Das erste Mal seit langer Zeit schlief er mit einem Lächeln auf dem Gesicht ein.

Ein paar Tage vergingen, ohne dass Eliot etwas von Nathan hörte. Es waren regnerische Tage, der Herbst kündigte sich an. Eliot sass die meiste Zeit in seinem Sessel, schaute zum Fenster hinaus und dachte nach. Einmal stand er auf, staubte seine Fotos ab und richtete sie, dann setzte er sich wieder hin und dachte stundenlang an Alice, an Nathan und daran, was wohl heute in der Zeitung stand. Er hatte sie nämlich nicht gelesen, zwei ganze Tage hatte er keine Zeitung gelesen. Es war ihm klar geworden, dass das Zeitungslesen eine Art Flucht war. Flucht vor den eigenen Gedanken. Wenn er Zeitung las, dann beschäftigte in danach das, was in der Welt geschah, und nicht in seinem eigenen Leben. Aber seit er mit Nathan am Meer gewesen war, hatte er genug vom Zeitungslesen.
Es war ein Samstag, als Nathan bei ihm klingelte. Eliot eilte zur Tür und öffnete ihm. Es regnete und deshalb bat er den Jungen herein. Nathan wollte sofort sein ganzes Haus inspizieren, aber Eliot war das peinlich. Es war alles schmutzig und staubig und es müffelte.

„Bleib lieber hier im Wohnzimmer. Ich zeige dir das Haus, wenn ich geputzt habe. Versprochen", sagte er deshalb.
„Und wann ist das?"
„Bald."
Nathan war einverstanden.
„Darf ich was trinken?"
„Ich hab leider nur Wasser und Kaffee, weiss nicht ob du das trinken darfst"
„Kein Orangensaft?"
„Nein"
„Du musst Orangensaft kaufen, das ist gesund", meinte Nathan nur, dann wandte er sich wieder der Einrichtung zu.

Eliot machte sich innerlich eine Notiz. Er musste Orangensaft kaufen. Da entdeckte Nathan die Fotowand. Voller Freude sprang er darauf zu.
„Oh toll, Fotos! Ich liebe Fotos. Erzählst du sie mir?"
„Ich soll dir die Fotos erzählen?"
„Ja"
„Aber du siehst sie ja"
„Ich will aber die Geschichte dazu wissen"
Na schön, dachte Eliot. Er fing also an, zu erzählen über die wenigen Fotos, auf denen Alice nicht zu sehen war. Er erzählte Nathan von Paris, wie er dort auf den Eiffelturm gestiegen sei und wie schön die Stadt sei, von seiner Reise nach Amerika und dass er eigentlich dort habe bleibe wollen, von seinem Vater der im Krieg gestorben war und dass dieser immer sein grösstes Vorbild gewesen sei.
„Warum war er dein Vorbild?"
Eliot spürte einen Kloss in seinem Hals. Er betrachtete das Bild von dem Soldat, an den er sich selbst nicht mehr erinnern konnte. Aber es war sein Vater, alle hatten ihm das gesagt.
„Ich weiss nicht genau… Er war halt mein Vater", gab Eliot zur Antwort.
Nathan nickte nur und betrachtete die Fotos.
„Erzählst du mir jetzt noch, wer sie ist?", fragte er und deutete auf das Bild von Alice im weissen Sommerkleid.
Eliot schluckte schwer. Er hatte gewusst, dass es so kommen würde. Irgendwann musste er ja darüber sprechen, aber würde ein Junge wie Nathan ihn verstehen?
Wenn er nicht, dann niemand, sagte eine Stimme in seinem Hinterkopf und so begann Eliot zu erzählen.
„Das ist Alice, das schönste Mädchen auf dieser Welt. Ich habe sie kennengelernt, als ich etwa sechzehn Jahre alt war. Sie kam von London und machte hier ihre Ausbildung. Ich weiss nicht, ob du dir vorstellen kannst, wie das ist, wenn du einen Menschen siehst und vom ersten Augenblick an weißt, dass du dieser Person bereits dein Herz geschenkt hast."
Nathan schaute Eliot mit seinen grossen Augen an.
„Natürlich kann ich das, Eliot! Ich weiss, was Liebe ist."
Eliot war überrascht von Nathans Worten. Der Junge bat ihn, fortzufahren.
„Alice und ich waren ein Herz und eine Seele. Als der Zeitpunkt des Abschieds gekommen war und sie zurück musste nach London, brach für mich eine Welt zusammen. Sie versprach mir, sobald als

möglich zurückzukommen. Ich habe fast vier Jahre auf sie gewartet. Während dieser Zeit habe ich mich oft gefragt, warum ich sie nicht einfach vergesse. Aber sie hatte mir ihr Wort gegeben und ich glaubte ihr. Ich hätte ihr alles geglaubt, jede Lüge. Also habe ich gewartet und sie hat ihr Versprechen gehalten. Nach vier Jahren haben wir uns wieder gesehen und dann ist sie hier geblieben, bei mir. Ist hier eingezogen, wir haben beide hier gewohnt, gemeinsam hier gelebt. Das war die schönste Zeit in meinem Leben. Ich war der glücklichste Mensch auf diesem Planeten, solange Alice bei mir war" Eliot schluckte die Tränen herunter. Er wollte nicht vor Nathan weinen.
„Ich habe sie gefragt, ob sie meine Frau werden will und dann hat sie gesagt, dass sie das doch schon lange sei. Heiraten wollte sie nie, ich habe das akzeptiert. Hauptsache ich konnte mit ihr zusammen sein."
Dann brach Eliots Stimme. Er konnte nicht weitererzählen, der Kloss in seinem Hals war zu gross. Er spürte, wie Nathan wieder seine Hand nahm und ihn festhielt. Die kleinen Finger des Jungen waren warm.
„Eines Morgens stand sie früher auf als ich, sie wollte zum Bäcker gehen und frisches Brot holen. Es war Winter, hatte viel geschneit und die Strassen waren vereist. Als sie die Strasse überqueren wollte, kam da dieser riesige Laster. Sie hat am Strassenrand gestanden und wollte warten, bis er vorbei gefahren war. Der Laster wollte abbiegen und kam dann ins Schleudern… Sie hatte keine Chance. Er hat sie einfach weggefegt"
Eliots Stimme versagte schliesslich ganz, die Tränen liefen ihm schon lange übers Gesicht, Tränen noch immer voller Schmerz. Nathan schwieg, hielt einfach seine Hand fest.
Er hielt einfach seine Hand fest.
„Und ich… Ich lag im Bett und schlief. Als ich aufwachte, war sie einfach nicht mehr da…" In einem Schluchzer erstickte auch dieser Satz.
Nathan hielt seine Hand fest.

So standen sie da, Eliot weinte und weinte und Nathan hielt seine Hand.
Der kleine Junge betrachtete das Bild der jungen Alice.
„Wann ist das geschehen?"
Eliot wischte sich die Tränen weg.
„Es ist jetzt sieben Jahre her. Aber ich kann sie einfach nicht vergessen"

„Das solltest du auch nicht. Aber du solltest verzeihen."
Eliot sah Nathan an.
„Wie meinst du das?"
Nathan sah das Foto nachdenklich an.
„Sie ist wirklich wunderschön. Ich muss jetzt gehen, Eliot. Bis bald."
Der Junge drehte sich um und wollte davonlaufen, aber Eliot hielt ihn am Arm fest.
„Wem sollte ich verzeihen? Dem Lastwagenführer? Er konnte ja nicht einmal etwas dafür, ich mache ihm keine Vorwürfe!"
„Nein Eliot, nicht ihm. Dir."
Mit diesen Worten entriss sich Nathan Eliots Griff und liess den alten Mann alleine.

Am darauffolgenden Tag sass Eliot die meiste Zeit auf seiner Veranda. Es regnete zwar, aber seit dem Spaziergang zum Meer hatte er vermehrt das Bedürfnis nach frischer Luft. So sass er also da, ausgerüstet mit Regenmantel und Mütze, und liess seinen Gedanken freien Lauf.
Er war sich nicht mehr gewöhnt, an so viele Dinge zu denken, die mit ihm selbst zu tun hatten. Mit seinem Leben und seiner Vergangenheit.
Alice.
Ihr Name hatte sich in sein Herz gebrannt, er konnte nicht anders, als an sie zu denken. Jetzt, wo er endlich zuliess, dass er überhaupt an etwas Persönliches dachte und nicht nur an die Berichte aus der Zeitung.
Stunden vergingen und Eliot schaute den Regentropfen zu, wie sie vom Himmel fielen.
Warum sollte er sich selbst verzeihen? Er hatte doch überhaupt nichts gemacht. Was hatte Nathan damit gemeint?
Mit plötzlicher Entschlossenheit stand Eliot auf, lief um sein Haus herum und ging schnurstracks auf das Haus von Leona Smith zu.
Bevor er klingelte, zögerte er wieder einen kurzen Moment. Zu kurz aber, um seine Meinung zu ändern.
Leona Smith öffnete die Tür, und mit einem überraschten, jedoch genauso herzlichen Lächeln begrüsste sie ihn.
„Guten Tag, Mister Brown! Kommen sie doch herein, sonst werden sie noch patschnass!", meinte sie.

Eliot hatte sich fest vorgenommen, nicht wieder nur rumzustottern, und so holte er tief Luft, bevor er sagte:
„Ich möchte nicht unhöflich sein, aber eigentlich wollte ich nur kurz mit Nathan sprechen. Könnten sie ihn kurz rufen?"
Leona Smith musste lachen.
„Mein Sohn ist scheinbar schon jetzt gefragter als ich", zwinkerte sie.
„Ich rufe ihn rasch."
Eliot wollte noch sagen, dass er gerne ein anderes Mal mit ihr plaudern würde, aber sie hatte sich schon weggedreht und so liess er es bleiben.
Nathan kam mit einem strahlenden Lachen angerannt.
„Eliot! Wie schön, dass du da bist!"
Die ehrliche Freude des Jungen zauberte Eliot ein Lächeln aufs Gesicht.
„Nun, ich wollte dich fragen, ob du mir helfen könntest."
„Natürlich! Wobei denn helfen?"
„Ich komme einfach nicht weiter. Du hast doch gesagt, ich müsse mir selbst verzeihen. Wie meinst du das?"
Er hatte es tatsächlich ausgesprochen. Noch auf der Veranda hatte er sich gefragt, ob er es wirklich sagen würde.
Nathan seufzte.
„Wenn du dir selbst verziehen hättest, dass du noch geschlafen hast, als Alice starb, dann würde ihr Tod dir jetzt nicht mehr so weh tun. Es ist nicht ihr Verlust, den du nicht verarbeitest hast, sondern dass du nicht da warst. Du hast Schuldgefühle, aber wahrscheinlich weißt du das nicht einmal."

Das war eine Ohrfeige.
Eliot starrte den Jungen an. Konnte es sein, dass dieser junge Mensch solche Sachen sagte zu einem alten Menschen wie ihm?
Nathan lächelte milde.
„Das ist kein Vorwurf, Eliot."
„Ich weiss", murmelte dieser.
„Aber du musst aufhören, dich schuldig zu fühlen. Du hättest doch auch nichts machen können. Vielleicht war es einfach Schicksal."

Leona Smith trat wieder zu den beiden hinzu, und fragte noch einmal, ob Eliot wirklich nicht herein kommen wolle.
„Nein danke, gerne ein andermal. Es wird schon dunkel und ich muss noch ein Glas von ihrem Bordeaux trinken gehen, bevor ich ins Bett

gehe", antwortete Eliot.
Wieder lachte die junge Frau.
„Das könnten wir doch auch gemeinsam tun, was meinen sie?"
„Ich würde sie gerne zu mir einladen, aber ich musste schon Nathan zurückweisen. Mein Haus ist fürchterlich schmutzig und ich möchte ihnen das nicht zumuten", meinte Eliot.
Leona Smith sah ihn nachdenklich an.
„Soll ich Ihnen vielleicht beim Putzen helfen?"
Dieses Angebot kam völlig unerwartet für Eliot. Er kratzte sich am Hinterkopf und überlegte, ob er wohl zusagen sollte.
Schliesslich gab er sich einen Ruck und sagte:
„Wenn sie das wirklich möchten... Ich wäre sehr froh um jede Hilfe."
Leona Smith lächelte.
„Gut. Dann stehe ich morgen um 11.00 bei ihnen vor der Tür. Nennen sie mich übrigens Leona", sagte sie, und streckte ihm die Hand entgegen.
„Freut mich. Ich bin Eliot."
Am liebsten hätte er die warme Hand von Leona gar nicht mehr losgelassen. Aber schliesslich verabschiedete er sich von den beiden und ging nach Hause. Als er durch die Verandatür wieder in sein Haus eintrat und einen kurzen Blick auf das Foto von Alice warf, verstand er plötzlich, was Nathan gemeint hatte.

Er hatte wirklich Schuldgefühle.

Eliot schloss die Augen.
Vielleicht war es einfach Schicksal gewesen und er hätte auch nichts dagegen tun können.
Es war eigentlich viel einfacher, das zu glauben, als sich Vorwürfe zu machen.
War das gut so?
Er wusste es nicht.

Am nächsten Morgen klingelte es tatsächlich um punkt elf Uhr an Eliots Tür. Leona und Nathan, ausgerüstet mit Staubwedel und allerlei Putzmitteln, standen da und lächelten ihn mit ihrem herzlichen Lächeln an.

„Bereit, Eliot?" zwinkerte Leona und Eliot musste lachen. Er bat die beiden herein und führte sie durch sein Haus.
Zuerst war es ihm etwas unangenehm, den beiden all die schmutzigen und staubigen Zimmer zu zeigen, aber er merkte bald, dass keiner von ihnen damit irgendein Problem hatte. Als er ihnen alles gezeigt hatte, meinte Leona:
„Nun, ich würde sagen wir fangen im oberen Stock an und arbeiten uns dann nach unten. Ich übernehme die Fenster, Nathan du nimmst den Staubwedel und Eliot, du könntest mal so richtig ausmisten. Was hältst du davon?"
Eigentlich klang es eher wie ein Befehl, als wie eine Frage. Eliot stimmte zu, und so begannen die drei mit der gründlichen Säuberung des Hauses.

Eliot hätte nie gedacht, dass Putzen so unterhaltsam sein könnte. Während er seine Schränke und Schubladen ausmistete und dabei sicher drei Bananenkisten mit allerlei Schrott füllte, putzten und schrubbten Nathan und Leona die Fenster und Möbel. Leona pfiff oder sang dabei unaufhörlich. Eliot ertappte sich manchmal dabei, wie er ihr einfach nur beim Singen zuhörte, anstatt weiterzufahren mit Misten.
Leona war mit Feuereifer bei der Sache, sie schien richtig in ihrem Element zu sein. Überall sah sie noch ein Stäubchen, das entfernt werden musste, hier noch ein Fleck und da noch ein Klecks. Eliots Matratze musste ausgelüftet werden, danach wurde das Bett frisch bezogen und schliesslich entschloss sich Leona, dass sie sämtliche Vorhänge des Hauses abnehmen wollte.
„Die müssen dringend gewaschen werden", meinte sie und wischte sich dabei eine Strähne aus dem Gesicht. Eliot konnte nicht viel dazu sagen, also nickte er einfach bekräftigend und half ihr so gut es ging, die Vorhänge abzunehmen. Danach gönnten sie sich eine kleine Pause. Eliot servierte Kaffe und Orangensaft für Nathan.
Als sie so zu dritt im Wohnzimmer sassen und keiner etwas sagte, spürte Eliot auf einmal ganz deutlich, wie anders die Atmosphäre in seinem Zuhause geworden war. Die Glastür zur Veranda war geputzt und die Sonne flutete seine Stube mit Licht. Ausserdem roch es angenehm frisch nach Zitrone. Aber das, was ihm am meisten gefiel, war, dass zwei Menschen mit ihm hier sassen.
Er war nicht alleine.
Er hatte sein Haus nicht alleine putzen müssen, die beiden hatten ihm geholfen.

Sie hatten es gemeinsam gemacht.
Er hatte schon beinahe vergessen, wie wunderbar es war, mit Menschen zusammen zu sein.
„Jetzt fehlt nur noch die Küche", sagte Leona zwischen zwei Schlucken Kaffee.
„Ihr habt mir schon genug geholfen, die Küche kann ich auch alleine putzen", erwiderte Eliot.
„Kommt nicht in Frage! Wir helfen dir", beendete Leona dieses Gespräch. Mit einem entwaffnenden Lächeln stand sie auf und sie machten sich wieder ans Werk.
Nachdem auch noch die Küche gesäubert worden war und man vom Glanz fast geblendet wurde, gab sich Leona schliesslich zufrieden und zog die Putzhandschuhe aus.
„So. Das wäre dann Muskelkater für die nächsten paar Tage", grinste sie. Eliot lächelte. Er wusste nicht, wie er ihr danken sollte.
„Mum, ich bin müde. Können wir jetzt schlafen gehen?", gähnte Nathan. Der Junge hatte seine Mutter tatkräftig unterstützt, aber man sah ihm die Müdigkeit deutlich an.
„Ja Nathan, wir gehen gleich. Danke für den Kaffee, Eliot. Wir kommen gerne wieder einmal vorbei", bedankte sich Leona.
„Ich sollte mich bedanken! Ich wäre noch nicht einmal mit dem Schlafzimmer fertig, wenn ihr mir nicht geholfen hättet. Ich danke euch von ganzem Herzen, ich danke euch", sagte Eliot.
Leona winkte ab. „Das ist doch kein Problem. Freunden hilft man gern. Erhol dich gut und eine angenehme Nacht"
Eliot bedankte sich noch einmal und dann gingen die beiden nach Hause.

Als er dann später in seinem frisch angezogenen Bett lag, konnte er nicht verhindern, dass ihm die Tränen übers Gesicht liefen.
So viel Herzlichkeit und Freundlichkeit, so viel Liebe auf einmal zu erfahren, das berührte selbst ihn. Nie hätte er gedacht, dass er je wieder vor Glück weinen würde.
Am nächsten Tag ging Eliot einkaufen. Auf seinem Zettel stand gross und drei Mal unterstrichen: Orangensaft. Er kaufte gleich mehrere Sorten, Nathan würde ihm schon sagen, welcher ihm am besten schmeckte.
Am frühen Nachmittag, Nathan war bei ihm und half ihm, Briefmarken in sein Album zu kleben, begann es zu regnen. Nathan starrte scheinbar abwesend aus dem Fenster, während Eliot vollkommen

friedlich seine Briefmarken einklebte. Auf einmal fragte Nathan:
„Eliot, wozu ist ein Regenbogen da?"
Ein wenig verdutzt hielt Eliot inne.
„Nun ja, ein Regenbogen entsteht, wenn..."
„Ich weiss, wie er entsteht. Das habe ich nicht gefragt", unterbrach ihn der Junge.
„Tut mir Leid, ich weiss ehrlich gesagt nicht, wozu ein Regenbogen da ist. Meinst du, es gibt überhaupt einen Grund?"
„Natürlich. Wenn es für einen Regenbogen keinen Grund gäbe, dann würde es auch für uns keinen Grund geben."
Wieder einmal war Eliot erstaunt über die Schlagfertigkeit Nathans. Die beiden schwiegen eine Weile. Dann sagte Nathan leise:
„Meine Mutter hat es mir erklärt, als ich noch klein war"
Eliot schmunzelte. „Jetzt bist du also nicht mehr klein?"
„Aber Eliot, ich bin doch schon Acht!"
„Was hat sie dir denn gesagt, deine Mutter?"
„Sie hat gesagt, ein Regenbogen sei eine Brücke zwischen der Erde und dem Himmel. Ein Weg, auf dem gestorbene Menschen in den Himmel kommen, wenn man sie gehen lässt. Und weil alle Menschen anders sind, ist ein Regenbogen so farbig."
Eliot musste zugeben, dass dies eine schöne Erklärung war für einen Regenbogen.
„Na also, dann weißt du ja, wozu ein Regenbogen da ist. Warum fragst du mich dann?"
„Ich wollte wissen, ob du es auch weißt."
„Dank dir weiss ich es jetzt!"
„Wann hast du zum letzten Mal einen Regenbogen gesehen?", wollte Nathan wissen.
„Das weiss ich nicht mehr"
Nathans Augen wurden gross.
„Du weißt es nicht mehr?"
„Zu lange her"
Der Junge stand auf. „Versprich mir, dass wir uns den nächsten gemeinsam ansehen werden!"
„Und woher soll ich wissen, wann das sein wird? Vielleicht bin ich ja gar nicht da, wenn es einen Regenbogen gibt", meinte Eliot.
Nathan lachte.
„Das glaube ich nicht, du bist immer da"
Dann verabschiedete er sich und ging nach Hause.

Die Worte des Jungen liessen Eliot keine Ruhe. Noch Stunden nachdem Nathan gegangen war, sass er in seinem Sessel und dachte nach.
Ein Weg, auf dem gestorbene Menschen in den Himmel kommen, wenn man sie gehen lässt.
Wenn man sie gehen lässt, das hatte er ganz besonders betont. Eliot versuchte sich einzureden, dass er sich das nur eingebildet hatte, aber er wusste ganz genau, was Nathan damit hatte sagen wollen. Und er wusste auch, dass der Junge mehr verstand, als man glaubte. Vielleicht sogar mehr als er selbst. Es schien, als hätte Nathan in ihm eine Tür geöffnet, die er selbst nie hatte öffnen können, weil er Angst davor hatte, was sich dahinter verbergen könnte.
Eliot schloss die Augen.
Hatte er Alice gehen lassen?
Hatte er sich selbst verziehen?

Je mehr er sich solche Fragen stellte, umso mehr wurde ihm klar, dass er die Antwort eigentlich schon längt gewusst hatte.
Nein.
Er hatte Alice nie gehen lassen, er hatte sich selbst nie verziehen. Er klammerte sich an Erinnerungen und versuchte, wenigstens diese nicht sterben zu lassen, wenigstens diese nicht zu verlieren. Er hatte in all diesen Jahren sein eigenes Leben verdrängt, um Alice nicht loslassen zu müssen. Und das Schlimmste war, dass er das alles schon lange wusste.

Er wusste es schon lange, aber er hatte es sich nie eingestanden, hatte es nie ausgesprochen. Jetzt hatte Nathan es für ihn getan. Plötzlich wurde Eliot klar, was der Junge ihm für eine Bürde abgenommen hatte, indem er dies getan hatte.

Eliot öffnete die Augen wieder, durch den Tränenschleier sah er, dass es draussen immer noch regnete.
Und jetzt glaubte er auch nicht mehr, dass er den nächsten Regenbogen verpassen würde.

Tatsächlich war es schon eine Woche später so weit. Eliot hatte nichts mehr von Nathan gehört und auch er hatte sich nicht gemeldet. Das letzte Gespräch mit dem Jungen hatte so viel aufgewirbelt, dass er eine Weile mit seinen Gedanken beschäftigt gewesen war. Aber heute war wieder so ein regnerischer Tag und Eliot sass in sei-

nem Sessel, die Zeitung ungelesen auf dem Tisch. Der Regen prasselte gegen die Scheiben und das leise Trommeln hatte eine einschläfernde Wirkung auf den alten Mann. Er wollte zwar nicht schlafen, konnte aber nicht verhindern, dass ihm ab und zu die Augen zufielen und er einnickte. Aber jedes Mal schreckte er wieder hoch und brummelte dann irgendetwas vor sich hin, bevor er wieder ins Grübeln verfiel.
Als er gerade die Zeitung nehmen wollte, klopfte jemand an seine Tür. Ihm war natürlich klar, wer es sein musste. Rasch nahm Eliot seinen Stock und hinkte zur Tür.
„Eliot, Eliot! Komm, schnell, ich muss dir was zeigen!"
Nathan stand vor ihm, patschnass und keuchend.
„Willst du herein…"
„Nein Eliot, du musst kommen, sonst ist er wieder weg! Komm schon, hinter deinem Haus ist ein Regenbogen!"
In Windeseile hatte Eliot seinen Regenmantel angezogen und schon lief er, so gut es ging, dem Jungen hinterher.
Der Regen hatte nachgelassen, es nieselte aber doch noch ziemlich stark.
Nathan war hinter dem Haus verschwunden.
„So warte doch, meine Güte, meine Knochen sind nicht mehr so solide wie deine!", rief Eliot dem Jungen hinterher.
Als er dann um die Ecke bog und schon fast auf seiner Veranda stand, musste er plötzlich geblendet die Augen schliessen.
Ihm bot sich ein unglaubliches Schauspiel der Natur.
Zwischen den dunklen Regenwolken trat die gleissende Sonne hervor wie ein mächtiges Leuchtfeuer, ihre Strahlen fluteten die Wiese mit Licht, ihre Wärme berührten Eliots Gesicht. Er kniff die Augen zusammen, hob die Hand vors Gesicht.
„Eliot, dreh dich um!", hörte er Nathan rufen. Langsam wandte er sich von der Sonne ab, und nun konnte er ihn sehen.
Wie eine gigantische Brücke stand er da am Himmel, der wunderschönste Regenbogen, den Eliot je gesehen hatte. So nah, so unantastbar und atemberaubend.

Das ist nicht wahr, das geschieht nicht wirklich, schoss es Eliot durch den Kopf, aber der farbenprächtige Regenbogen schloss jeden Zweifel aus.

„Sag mir, was ich jetzt tun soll", wisperte er.
Dann spürte er, wie der Junge ihn an der Hand nahm.

„Verzeih dir Eliot, und lass sie gehen", antwortete Nathan.
„Alice"
Ein kaum hörbares Flüstern, und dann war ihm, als ob er in den schimmernden Farben seine Liebe sehen könnte. Als ob sie ihm das schönste Lächeln der Welt noch einmal schenken würde, und er sah sie winken.

„*Eliot. Ich will nicht länger dein Herz gefangen halten, sei frei und liebe. Du wirst nie von mir getrennt sein, bis ans Ende deiner Zeit werde ich dich begleiten*"
„Ich vermisse dich, Alice", schluchzte Eliot. Da spürte er, wie Nathan seine Hand fester hielt.
„*Ich bin bei dir, Eliot. Lass mich gehen und du wirst sehen; du hast mich nie wirklich verloren. Bewahre mich in deinem Herzen und ich bin unsterblich*"

Eliot schloss die Augen.
Lass sie gehen, lass sie endlich gehen.
Bewahre sie in deinem Herzen.
„Eliot, verzeihe."
Und es fühlte sich an, als ob sein Herz alte, schwere Fesseln ablegen würde.
„*Danke Eliot, Danke. Wir werden uns wieder sehen, ich verspreche es dir. Bis dahin, vergiss mich nicht. Ich liebe dich*"

Als Eliot die Augen öffnete, blieb ihm nur der Regenbogen, auf dem Alice nun endlich ihre Reise in den Himmel antreten konnte.
„Ich liebe dich", flüsterte er noch, und kurz darauf begann der Regenbogen sich auch schon aufzulösen.

„Wie fühlt es sich an?", wollte Nathan wissen.
Eliot atmete tief ein.
„Wie Freiheit"
Der Junge lächelte und drückte noch einmal seine Hand.
„Dann brauchst du mich ja jetzt nicht mehr"
Eliot wischte sich die Tränen aus den Augen.
„Doch, einen Freund braucht man immer."
Nathan sah ihn an mit diesem unglaublich herzlichen Blick.
„Vielleicht bin ich auch dein Wegweiser."
Eliot musste lächeln.

„Und vielleicht gibt es da gar keinen Unterschied."
In tiefster Dankbarkeit stand der alte Mann da und fühlte sich lebendig, er fühlte sich frei und er wusste, dass er nie alleine gewesen war und es auch nie sein würde.
Ein unbeschreibliches Gefühl.

Laura Haussener, 2010

ZUM AUSKLANG   DEN EINKLANG

Lass es schwingen

Lass es klingen

Lass es zu

Ein bisschen Mut nur braucht's dazu!

Wozu, Wofür, Warum, Wieso?

Kling es an und lausch dem Schall

Melodien wundersam zart und leise

Wachen auf und regen sich

Legen zu und werden stärker

Tönen, Rauschen und Berauschen

Was angeklingt, darf sich entfalten

Darf losgelöst und aufgelöst sich auseinanderfalten

Darf segeln über alle Meere

Darf finden nun zur eigenen Ehre

Darf hören nun den eigenen Ton

Herzton und Puls, Seele und Geist

Spielen die Herzens Symphonie

in einer vollkommenen Harmonie

DANKSAGUNG

Wir sind am Ende des Buches und mir bleibt die wunderbare Aufgabe DANKE zu sagen.

Mit der ganzen Liebe meines Herzens danke ich meinem Mann und Partner Leo, für seine Liebe und seine grosse Unterstützung in so vielen Bereichen, ganz besonders im Umgang mit der Technik. Ohne ihn wäre für mich alles viel komplizierter geworden.

Das grösste und wertvollste Geschenk meines Lebens sind unsere Söhne Fabian und Reto-Adrian. Ihnen und ihren Seelen danke ich, dass sie in mein Leben gekommen sind und mir soviel Liebe, Freude und Reichtum brachten.

Ich danke allen meinen Freunden, die mich so annehmen und akzeptieren wie ich bin und mit mir das Lachen und das Weinen teilen.

Lieben Dank an meine Freundin Ursula Frick Albrecht und meinem Sohn Fabian, für die spontane Zusage des Gegenlesens und für die für mich wertvollen Rückmeldungen.

Innigen Dank an meine Seelenschwestern, für ihr Licht und ihre Liebe, auf die ich zu jeder Zeit zählen darf und die mir Mut machten mich dieser Aufgabe zu widmen.

Danken möchte ich den Gründern und Mitarbeitenden der BoD. Sie schenken die Möglichkeit ohne grosse Risiken und langer Verlagssuche das Buch nach eigenen Vorstellungen herauszugeben und garantieren für eine Erfolg versprechende Werbung.

Mein Dank geht an alle Menschen, denen ich begegnen durfte. Sie alle waren mir Lehrer und gaben mir die Chance meinen "Diamanten" zu schleifen und immer mehr zum brillieren zu bringen.

Ein Dankesstrom fliesst zu meiner grossen Seele, zu meinen feinstofflichen Freunden und Führern, zu Mutter Erde, für die Möglichkeit in diesen starken Zeiten der Wandlung dabei sein zu dürfen und in die Allverbundenheit der Schöpfergottliebe. DANKE!

Anhang

Erfahrungsbericht

Verena Meienberg ist eine liebe und sehr geschätzte Seelenschwester und Freundin von mir. Sie ist Mutter von zwei erwachsenen Strahlenkindern und Grosi von C., einem 5 jährigen Regenbogenkind.

Einer Eingebung folgend, habe ich sie gefragt, ob sie stellvertretend für Mütter und Grossmütter einen kurzen Bericht aus ihrem reichen Erfahrungsschatz schreiben würde. Zu meiner grossen Freude hat sie zugesagt. Herzlichen Dank liebe Verena.

Hier ihr Bericht:

Liliane hat mit diesem Buch eine wunderbare Unterstützung geschaffen, eine Lebens- und Erziehungshilfe für Strahlenkinder, deren Eltern und ihr familiäres Umfeld. Es ist ein wahrer Segen, dass heute solche Informationen verfügbar sind! Dadurch ist ein einfacherer Umgang mit diesen wunderbaren Geschöpfen möglich und die Kinder selber müssen sich weniger mit Erwartungen und Forderungen der Gesellschaft auseinander setzen, denen sie gar nicht entsprechen können. Mit der Umsetzung dieses Wissens unterstützen Begleitpersonen der Strahlenkinder diese, damit sie dem Plan ihrer Seele ganz natürlich und mit Freuden und Leichtigkeit folgen können. Das wiederum ist ein wahrer Segen für unseren ganzen Planeten.

Ich weiss, wovon ich spreche, denn ich bin glückliche und stolze Mutter von zwei Strahlenkindern! Sie sind Anfang der achtziger Jahre geboren worden und haben sich bis heute zu wunderbaren, selbständigen, kraftvollen Erwachsenen entwickelt. Mein Sohn und meine Tochter waren von den Ersten, die sich mit der Infusion eines der neun Strahlen auf dieses Abenteuer,

Leben auf unserem Planeten, eingelassen haben. Deshalb sind sie bestimmt auch mit einer Extraportion an Ausdauer und Kraft ausgerüstet worden, denn damals war das Unverständnis der Gesellschaft diesen neuen Energien gegenüber noch um einiges grösser.

Auch wenn ich zur Zeit ihrer Geburt noch völlig unbewusst und unwissend war, so habe ich doch von Anfang an gespürt, dass etwas ganz Spezielles von ihnen ausgeht. Heute weiss ich, dass sie mich auf meinen bewussten spirituellen Weg geführt haben, denn speziell waren sie in mancher Beziehung! Als die Erziehung und das Alltagsleben nicht so verliefen, wie ich es mir nach meinem erlernten Schema vorgestellt hatte, entstand in mir drin immer mehr eine Sehnsucht, ein Suchen. Es reifte in mir immer mehr die Überzeugung, dass es noch etwas anderes geben müsse als das, was wir als „Sein" definierten. Dass ich mich auf den spirituellen Weg machte um Antworten auf all meine Fragen zu finden, bewirkten sie alleine schon durch ihre Präsenz.

Als ich dann während meiner spirituellen Ausbildungen bei Frank Alper erstmals von den Strahlenkindern hörte und mir meine Vermutungen über meine Kinder auch bestätigt wurden, habe ich ein paar Tränen vergossen. Dabei habe ich viel Trauer, Unsicherheiten und auch Wut erlöst, die sich bei mir angesammelt hatten durch die Gegebenheit, dass ich jahrelang nicht wusste, welche wunderbaren Kräfte bei ihnen wirkten, vor allem aber erinnerte ich mich an einige Situationen in denen ich mit einem klaren Wissen anders reagiert und sie in ihrer Energie besser unterstützt hätte. Frank Alper sprach als einer der ersten von den Indigokindern. Er legte aber von Anfang an grossen Wert auf die Differenzierung in die verschiedenen Strahlen. Alle Indigokinder in einen Topf zu werfen zeugt wiederum von einem grossen Mass an Unverständnis. Diese Unterschiede habe ich bei meinen beiden Kindern lebhaft mitbekommen. Obschon beide im gleichen Umfeld in einem Altersabstand von nur 2 Jahren und 3 Monaten aufgewachsen sind, beide über extrem viel Liebesenergie und Magnetkraft verfügen, sind sie in ihren Charakteren dennoch grundverschieden. Am Anfang habe ich oft gedacht: Wenn ich das alles doch nur früher gewusst hätte, aber bald reifte in mir das Wissen, dass ich immer die nötige Unterstützung und Führung aus der materiellen oder geistigen Welt erhalten habe, wenn ich es wirklich brauchte. Rückblickend erkenne ich in unserem ganzen Handeln bezüglich unserer Kinder die Kraft der Liebe. Wenn ich wieder einmal nicht wusste, wie mit einer Alltagssituation oder mit dem Kind umzugehen, das sich eben nicht so verhielt wie „man" es sich gewohnt war, stand mir stets ein rettender „Engel" - in welcher Form auch immer - zur Seite. Wenn ich heute an ihre Kinder- und Jugendjahre zurückdenke, bin ich erfüllt mit grosser Dankbarkeit und einem enormen Vertrauen in die göttliche Führung. Denn, wenn immer nötig erhielt ich durch einen Menschen einen weiterführenden Impuls oder aus meinem tiefsten Inneren drang ein unerschütterlicher Glaube und ein Vertrauen, dass meine Kinder wunderbar waren, genauso wie sie eben waren. Dadurch entstand in mir eine unendliche Kraft, mich im gesellschaftlichen Leben und vor den Schulbehörden für ihre Bedürfnisse und Vorstellungen einzusetzen und ihnen zu übermitteln: es ist gut, was und wie ihr es macht, auch wenn es nicht der Gesellschaftsnorm entspricht. Alle diese Handlungen und das Vermitteln dieser Wertvorstellungen entsprangen aus meiner Intuition. Mein Verstand - der auch gerne miteinbezogen worden wäre, so war ich schliesslich noch erzogen worden – bekam in dieser Hinsicht keine Unterstützung. Heute ist das aber anders, wie dieses Buch zeigt! Es darf in der heutigen Zeit eben alles leichter gehen, es darf ein Miteinander von Gefühl und Verstand geben und Erkenntnisse und Veränderungen können dadurch viel schneller geschehen. Das ist gut so!

Der Erstgeborene, D., kam mit dem rostfarbenen Strahl 1980 zu uns. Er war ein Wunschkind und die Freude über sein Kommen war riesengross. Nebenbei bemerkt, er liess sich auch nicht lange bitten, sondern packte die erste Gelegenheit beim Schopf! Ich empfinde solche Gegebenheiten als klare Aussage, wie bereit die Seele mit ihrer Persönlichkeit war, auf diesem Planeten zu inkarnieren. Die Bereitschaft war da, keine Frage, aber dann brauchte es doch eine gewisse Angewöhnungsphase an diese tieferen Schwingungen in einem Körper. Da D. im Geburtskanal steckengeblieben war und es für Mutter und Kind ziemlich unangenehm wurde, musste er zwei Wochen vor dem Termin geholt werden. Dies war wohl ein ziemlicher Schock für ihn. Sein Körper war zuerst untergewichtig und es schien, als hätte er keinen Instinkt, dass er sich durch Saugen an der Brust ernähren konnte. Obschon ich damals in spirituellen Dingen noch völlig unwissend war, erschien es mir, als ob er von ganz weit her käme und hier auf der Erde erst mit seinem winzigen Körper anwesend sei. Als er nach einer mühsamen Angewöhnungsphase gelernt hatte, die Muttermilch zu sich zu nehmen, und obschon er dies immer nur in kleinen Mengen tat, folgten bald darauf die Bauchkrämpfe, was wiederum Stunden langes Schreien mit sich brachte. Irgendwann, nach vielen Tränen und schweisstreibenden Momenten hatten sich seine Energien an den Körper assimiliert und von diesem Moment an zeigte er ein fast unstillbares Interesse am Leben. Schlafen erschien ihm wenig sinnvoll oder erkenntnisreich, es war extrem, wie wenig er als Baby und Kleinkind schlief. Es verging kein „schlafen legen", ohne dass er lauthals protestierte bis er vor Erschöpfung einschlief. Andererseits war er stets wie auf Knopfdruck hellwach. Es gab keine Übergänge, es war alles hundertprozentig. Er war von einer unbändigen Neugier erfüllt und erweckte oft den Eindruck, dass er vor lauter Energie fast verplatze. Stillsitzen war für ihn ein Fremdwort, sich auf eine einzige Sache zu konzentrieren bereitete ihm enorme Schwierigkeiten. In der Schule war er das hyperaktive Problemkind und dennoch: mit seiner sonnigen, herzlichen Art wickelte er alle um den kleinen Finger. Keiner konnte ihm für sein oft nerviges Verhalten böse sein, mit seiner positiven Ausstrahlung nahm er alle für sich ein. Obschon Figur mässig einer der kleinsten, hatte er unter seinen Freunden und Schulkameraden stets eine Führerposition inne.

Wenn ihn Dinge interessierten, war er voll dabei. Sollte er aber Sachen machen, die er überflüssig fand oder die ihm nicht zusagten, verwendete er seine ganze Energie darauf, sein Gegenüber von seiner Meinung zu überzeugen und dazu war ihm jedes Mittel recht. Auf Druck reagierte er mit einem enormen Gegendruck. Dem Himmel sei Dank, hat es sich immer gefügt, dass im richtigen Moment eine Hilfeleistung verfügbar war und Wege aufgezeigt wurden, wie er seine körperliche Hyperaktivität zum Beispiel im Sport ausleben konnte. Seinen hellwachen Verstand haben wir schon ganz früh mit Büchern „gefüttert". Seine Leidenschaft fürs Lesen hat er bis heute beibehalten, es ist eine der wenigen Möglichkeiten, die ihn körperlich zur Ruhe kommen lässt. Natürlich gilt sein grösstes Interesse den Science Fiction Romanen. Heute, als Erwachsener, hat D. durch viele Erfahrungen sein riesiges Energiepotential erkannt und gelernt damit umzugehen und es gewinnbringend für sich und seine Mitmenschen einzusetzen. Wir staunen immer wieder, wie viel er unter einen Hut zu bringen vermag. Er ist ein absoluter Macher und stellt sich gerne immer wieder neuen Herausforderungen.

Als sich etwas mehr als 2 Jahre nach der Geburt von D. unsere Tochter ankündigte, kam zuerst eine Riesenangst in mir auf, dass ich es mit einem zweiten Kind nicht schaffen würde, da wir mit D. dermassen gefordert waren. Und dann, welche Überraschung! N. brachte eine unbeschreibliche

Ruhe und Harmonie in unsere Familie! Sie kam mit dem silberblauen Strahl und brachte eine besondere Infusion von Liebesenergie mit sich.

Vom ersten Moment an war diese Energie in ihrem vollen Ausmass zu spüren, dadurch, dass sie noch total eins mit ihrer Seelenenergie war. Wenn ich dieses kleine und doch so grosse Geschöpf in meinen Armen trug, überkam mich eine unglaubliche Sicherheit, Ruhe und Klarheit und es gab nichts mehr, wovor ich mich fürchtete. Ein grosses Urvertrauen wurde allein durch ihre Präsenz geweckt. So viel Liebe hatte sie zu geben, alles war in Harmonie. Durch einen Blick in ihre Augen sah man einen Moment ins Himmelreich.

Je mehr sich jedoch die Persönlichkeit entwickelte, desto offensichtlicher wurde, dass dieses grosse Potential der Liebe sie zu einem extrem emotionalen und sensiblen Menschen machte, und dass es manchmal sehr schwierig für sie und auch ihr Umfeld war, damit umzugehen. In meinem Umfeld habe ich noch andere Ishmael-Kinder aufwachsen sehen und gemeinsam mit diesen Müttern sind wir zur Erkenntnis gekommen: Diese wunderbaren Kinder vom silberblauen Strahl können in der heutigen Zeit auf dieser Erde fast nicht genug Liebe bekommen. In ihren ersten Lebensjahren brauchen sie ein extremes Mass an Zuwendung. Sie wollen einfach nur geliebt werden. Kuscheln, streicheln, Zärtlichkeiten und Geborgenheit sind für sie das Allerwichtigste. Ohne diese Liebesbeweise würden sie schon bald verkümmern wie Pflanzen ohne Wasser. Menschen mit dieser Energieinfusion sind aber nicht „nur" voller Liebe und äusserst sensibel, nein, sie verfügen auch über eine enorme innere Stärke, Weisheit und Klarheit. Mit vier Jahren hat mir meine Tochter eine besondere Lektion erteilt: Wir hatten eine ziemlich grosse Meinungsverschiedenheit und sie war mit meiner Ansicht gar nicht einverstanden. Dies verkündete sie auch lauthals und ihre Abwehrhaltung wurde immer stärker. Wohlverstanden, diese Kinder sind ganz und gar nicht immer nur „lieb und nett und ausgeglichen", wir leben ja hier in der Polarität und dies will erfahren werden. Also quengelte, weinte und schrie sie und wollte mir ihre Ansichten aufzwingen. Ich hielt ihr jedoch mit meiner Meinung entgegen. Mehr und mehr steigerte sie sich in eine Wut hinein, der sie Luft machen musste. Also packte sie den nächstbesten Teppich an zwei Enden (es war ein ziemlich grosser!) und katapultierte diesen durch den Raum. Ich war dermassen perplex über diesen Ausbruch und ihren Kraftakt, dass ich einen Moment völlig verstummte und nicht mehr wusste, wie ich mich verhalten sollte. Da stand dann dieses kleine, grosse Geschöpf, das sich völlig unverstanden fühlte vor mir und schrie mich verzweifelt an: so nimm mich doch endlich in deine Arme! Ich kniete mich zu ihr nieder und schloss meine Arme ganz fest um sie. Mit dieser Handlung schmolzen alle Verhärtung, Wut und Starrsinn dahin wie Eis an der Sonne.

Diese Art von Konfliktbewältigung wird in unserer Gesellschaft immer noch viel zu wenig angewendet. Deshalb machen Ishmael-Strahlenkinder auch viele schwierige Erfahrungen im Laufe ihres Wachstums. Sie haben so viel zu geben und bekommen meist nur einen Bruchteil davon zurück. Ihre Persönlichkeit muss lernen zu unterscheiden, was wahre Liebe wirklich ist und sich entsprechend abzugrenzen. Würden sie dies vom Leben nicht gelehrt, würden sie im Strudel ihrer Gefühle und der übernommenen Emotionen der anderen ertrinken. Aber genau diese Liebesenergie spielt für die weitere Entwicklung unseres Planeten und dessen Bewohner im Wassermann-Zeitalter eine zentrale Rolle.

Seit wir dieses schönste aller Geschenke erhalten haben, unsere Kinder auf ihrem ersten Wegstück im Leben begleiten zu dürfen, sind bereits drei

Jahrzehnte vergangen. Es war eine riesige Herausforderung und wir hatten einige Hindernisse zu überwinden, aber wir haben dadurch extrem viel gelernt. Unsere Kinder haben uns vor allem trainiert in Flexibilität und Toleranz. Sie haben uns zur Erkenntnis gebracht, wie wichtig es ist, die Einzigartigkeit jedes Lebewesens anzuerkennen. Beide kamen als so genannte Indigokinder zu uns und doch hätten sie verschiedener nicht sein können.

Ich bin unendlich dankbar und glücklich darüber, heute sagen zu dürfen, dass sich beide in ihren besonderen Stärken entwickelt und ihren Weg gefunden haben.

Seit fünf Jahren bin ich glückliche Grossmutter. Meinen ersten Enkel, ein Regenbogen-Strahlenkind, hat mir mein Sohn geschenkt. Da in diesem Infusionsstrahl alle anderen acht Strahlen-Energien enthalten sind, zeigt sich der Charakter dieses Kindes enorm vielfältig. Heute, da ich mir der Verschiedenartigkeit der Strahlenkinder bewusst bin, ist es natürlich besonders spannend, seine Entwicklung zu beobachten. Es ist mir aber auch klar, und wir haben schon öfters Erfahrungen in dieser Beziehung gemacht, dass es für C. alles andere als einfach ist, mit einem solchen Mass an Vielfältigkeit umzugehen. Mit all diesen Gaben lichtvoll umzugehen und in dieser vereinten Verschiedenartigkeit eine Stabilität zu finden, wird wohl eine der grössten Lebensaufgaben von C. sein. Sicher und gerne werden wir in seinem Umfeld alles daran setzen, ihn soweit es in unserer Macht steht, zu unterstützen und zu begleiten, denn das ist wohl jetzt unsere nächste Aufgabe.

Adressen

Autorin:
Liliane Raemy, Oberdorfstrasse 44, CH-3182 Ueberstorf
E-mail: liliane.raemy@bluewin.ch

Adamis International
Katharina Alper
Zwydenweg 14
CH 6052 Hergiswil am See
www.adamis.ch

Nachfolgend die Adressen meiner Freundinnen, mit denen ich nun über viele Jahre im Bereich spirituelle Heilarbeit und Strahlenkinder gearbeitet habe. Sie alle und viele mehr sind bereit mit ihren reichhaltigen Erfahrungen, ihrem Wissen und ihrer Weisheit zu dienen. Als Persönlichkeiten, geleitet von der Liebeskraft, bieten sie Behandlungen, sowie Heil- und Wachstumsseminare an.

Esther Martina Lüpold
Energie- und Lichtarbeit
Bahnhofstrasse 7
6285 Hitzkirch
www.estherluepold.ch

Margrith Messmer
Hohberg 4a
8207 Schaffhausen

Monika Trüssel
Energie- und Lichtarbeit
"Aus Liebe zu sich selbst"
Sonnenhof 1
6215 Schwarzenbach

Ursula Frick Albrecht
Äussere Baselstrasse 212
4125 Riehen
www.bewusstsein-im-fluss.ch

Ursula Güdel-Stalder
Körper – Licht – Bewusstsein
Junkerbifangstrasse 9
4800 Zofingen

Verena Meienberg
Spirituelle Lebensberatung
Terrassenweg 40
3510 Konolfingen

Literatur

DAS UNIVERSELLE GESETZ für das Wassermannzeitalter
Dr. Frank Alper
ISBN 3-926388-21-8

DU bist MIND
Heilweisen für das 3. Jahrtausend
Dr. Frank Alper
ISBN 3-926 388-52-8

Erkenntnisse aus Altlantis
Wandlung durch neue Energiemuster
Kristall Heilung
ISBN 3-926388-19-6

Ich komm' aus der Sonne
Flavio M. Cabobianco
ISBN 3-924161-72-0